VIVRE ET COMPRENDRE

Collection dirigée par Lyonel ROSSANT

L'ENFANT HYPERACTIF

Didier-Jacques DUCHÉ

Professeur émérite des Universités
Pédo-psychiatre
Membre de l'Académie Nationale de Médecine

Dans la même collection

Le Docteur Lyonel Rossant, pédiatre, expert auprès des tribunaux, s'intéresse depuis plusieurs années à la vulgarisation et à la communication médicales. Il est l'auteur de nombreux ouvrages, parus notamment dans la collection « Que sais-je ? » des PUF et dans la collection « Bouquins » de Robert Laffont. Il anime également des émissions de radio.

- Déjà parus

  L'Enfant et les Animaux, Lyonel Rossant & Valérie Villemin, 1996.
  L'Asthme de l'enfant, Guy Dutau, 1996.
  L'Épilepsie, Pierre Genton & Claude Remy, 1996.

- A paraître

  Le Suicide
  La Ménopause
  La Santé de votre peau
  Les Céphalées
  Le Diabète

ISBN 2-7298-9648-1

PRÉAMBULE

Auguste a 3 ans quand il nous est amené, engoncé dans une sorte de harnais qu'une lanière relie à sa mère ; celle-ci en pleurs nous dit qu'elle est obligée de le maintenir ainsi car il a la fâcheuse habitude de la quitter pour se précipiter sur la chaussée sans souci des voitures. Elle est épuisée, car il se comporte chez lui comme un instable tyrannique.

Les troubles ont commencé dès l'âge de la marche. Devant l'importance de cette agitation, qui le rend insupportable à sa mère, la pédiatre a conseillé de l'envoyer en nourrice. Il est alors confié à sa tante et marraine et, très rapidement, il se trouve au calme et ne présente aucun trouble du comportement. Il a bon appétit et alors que son sommeil était chez lui extraordinairement agité, il dort bien. Chaque fois qu'il revient à la maison, les difficultés recommencent. Aussi a-t-il fait plusieurs séjours itératifs chez sa tante. Ses parents se sentent dépassés, ne comprennent pas pourquoi, alors qu'il a tout ce qu'il veut chez lui, il peut être aussi difficile et pourquoi tout se présente bien lorsqu'il est en dehors de la maison. En fait, lorsque l'on interroge sa mère, on s'aperçoit que le milieu familial est perturbé, que les parents ne cessent de se disputer et que, d'ailleurs, ils seront amenés à divorcer ultérieurement.

Parmi les nombreuses causes litigieuses qui les dressent l'un contre l'autre, les principes éducatifs prônés ne font qu'aviver les conflits. Le père serait partisan d'une éducation plus stricte, alors que la mère comble Auguste de cadeaux et essaye de l'acheter de la sorte. Tout donne à penser que cette instabilité est réactionnelle et que, au nom de cette atmosphère surtendue, Auguste présente une instabilité dont il ne pourrait se départir que si le milieu familial devenait plus quiet.

*

Aux dires de ses parents, qui viennent consulter pour leur fils Paul âgé de 4 ans, celui-ci, du fait de son extrême agitation, ne peut être gardé à l'école maternelle. Dès ses premiers mois, il s'est montré particulièrement nerveux, ne tenant pas en place dans son berceau, ayant du mal à accepter les routines journalières, criard et impétueux. Dès qu'il a pu s'asseoir, il s'est accroché aux barreaux, essayant de les escalader. Au cours de ses promenades, il tentait de quitter le landau en poussant des cris perçants qui ameutaient les passants. Ses parents, pris à parti par ceux-ci qui pensaient que cet enfant était maltraité, tout honteux, rentraient à la maison.

A l'âge de 4 ans, il est toujours aussi instable, il se lève au milieu de la nuit et déambule dans l'appartement. Il ne peut rester assis, il n'accepte pas de tenir la main de sa mère, s'échappe à plusieurs reprises, prend des risques tels, qu'il a été victime d'accidents qui l'ont conduit à l'hôpital.

Dernier enfant d'une famille de trois, il est agressif vis-à-vis de son frère et de sa sœur qui ne peuvent plus le supporter. Il en est de même de ses petits camarades de l'école maternelle. L'institutrice, patiente et expérimentée, a tout tenté pour le pacifier, mais a dû y renoncer. Il sème la zizanie et elle demande instamment que Paul change d'école. Non sans raison, ses parents, traumatisés et inquiets, se demandent quel sera son avenir.

Guillaume a huit ans, il est au cours élémentaire deuxième année, ce qui correspond à son âge car il est intelligent et est à peu près au niveau. Dès l'école maternelle il s'est montré provocant, tant vis-à-vis de l'institutrice que de ses petits camarades. Bien qu'il soit physiquement tout à fait semblable à ceux-ci, la maîtresse le traitait en bébé irresponsable. L'on espérait qu'à son entrée à la grande école, au cours préparatoire il se montrerait plus docile et plus maniable, il n'en fut rien. Il est tout à fait inattentif, ne peut se tenir, même de brefs instants, à la même tâche, quitte son tabouret au moindre prétexte, fait tomber son matériel ; très émotif, il pousse des cris sans raison apparente ou se met à chanter ; quoique parfaitement capable de suivre la scolarité, il laisse souvent son travail en plan et son professeur pense qu'il a du mal à comprendre ce qui lui est demandé. Il devra, sans doute, doubler cette classe, ce qui est déplorable car l'expérience prouve que de tels troubles

ne relèvent pas d'un handicap mental et que le redoublement, loin de les amender, ne fait que les exacerber. Avec ses camarades il est impulsif, bagarreur et rejeté des activités de groupe car il n'en suit pas les règles. L'année prochaine il sera envoyé dans une école à petits effectifs, suivant les méthodes actives, ce qui est une bonne solution.

Bien que n'ayant pas de permis de conduire, puisqu'il a quinze ans, Geoffroy « emprunte » la voiture paternelle qu'il conduit à grande vitesse et de façon désordonnée. Il aime prendre des risques, bien qu'il sache qu'il est en infraction et peut être appréhendé. Aussi multiplie-t-il les accidents mais n'en a cure. Son père paie les contraventions. Geoffroy récidive.

Il a été convoqué par le Juge des Enfants, qu'il nargue. En dépit de tout ce qui avait été entrepris par ses parents, ses professeurs, les psychothérapeutes successifs (que Geoffroy abandonne au bout de quelques séances) pour tenter de modérer cette hyperactivité dont le début date de son entrée à l'école primaire, celle-ci ne s'est pas amendée. Il a été renvoyé de plusieurs établissements. Bien que de bonne intelligence son niveau scolaire est déplorable. Il a fait plusieurs fugues, il a perdu ses copains les uns après les autres et s'est acoquiné à une bande d'adolescents marginaux. Il a été pincé plusieurs fois en train de voler à l'étalage.

Ses parents excédés ont du mal à réaliser que, du fait de ces multiples écarts de conduite, qui ont entraîné menaces, et punitions, Geoffroy ait pu se sentir rejeté, mal aimé, bon à rien, que son avenir est compromis. Il a des idées de suicide.

INTRODUCTION

L'hyperactivité de l'enfant est un des motifs de consultation les plus fréquents, du fait des troubles que ces manifestations entraînent tant auprès des parents, des frères et sœurs, que du milieu scolaire et de l'environnement social. L'inattention, l'agitation, les activités désordonnées, les troubles émotionnels dus à l'impulsivité que même les récompenses, comme les punitions, ne peuvent amender, affectent les relations avec le monde entier : famille, école, société. C'est un des diagnostics les plus souvent évoqués chez l'enfant, du fait des désordres qu'elle implique. Ceux-ci sont fonction du l'âge de l'enfant et de la tolérance du milieu tant familial que scolaire. Tel enfant sera tenu pour hyperactif, instable à l'école, mais calme à la maison et vice-versa.

Qu'est-ce donc que l'hyperactivité : une maladie, une chimère ou tout simplement une manière d'être ? Affecte-t-elle un enfant sur trois ou un enfant sur mille ?

Peu d'autres troubles de cette importance ont suscité autant d'opinions divergentes. Certes, le sens commun s'entend pour ainsi désigner tel ou tel enfant. Encore faudra-t-il définir en quoi consiste cette hyperactivité. C'est à ce propos que se manifeste une extrême confusion.

De très nombreux termes, quasi synonymes, plus ou moins approximatifs et quelque peu ambigus, variables selon les cultures, les langues et les idéologies, désignent ce que communément on appelle l'enfant hyperactif : hyperactivité, instabilité psychomotrice, syndrome impulsif, hyperkinétique, choréiforme, désordres anti-sociaux par désinhibition, etc.

Le terme d'hyperactivité est le plus communément utilisé. Il a l'avantage d'être bref et de correspondre à une catégorie d'enfant facilement reconnue de tous, mais il comprend de très nombreuses nuances, de sorte que les limites en sont mal précisées, ce qui a donné lieu à maintes controverses tant pratiques que théoriques.

En France, il est défini par l'expression « **instabilité psychomotrice** » et aux États-Unis par l'expression « trouble déficitaire de l'attention avec hyperactivité ou hyperkinésie ». Aussi n'est-il pas étonnant qu'existe une discordance considérable, concernant les diverses statistiques faisant état de l'incidence d'un tel syndrome, dont certains auteurs contestent même la validité, le faisant entrer dans le cadre intitulé « variation de la normale ».

On peut le considérer comme pathologique, si le comportement, ainsi décrit, est nettement plus fréquent que chez la plupart des sujets du même âge. Son appréciation varie d'un observateur à l'autre et dépend de la tolérance de chacun et des circonstances d'examen. Il existe toute une graduation allant de ce qui est normal et participe ainsi au processus de développement, jusqu'à l'expression d'organisations pathologiques des plus variées.

A partir de quel niveau d'activité un enfant peut-il être considéré comme hors norme ? L'on pourrait dire que c'est lorsqu'il est ainsi étiqueté par ceux qui l'approchent. Or, les avis de ceux-ci divergent à l'évidence. Certains questionnaires ont été établis interrogeant parents et professeurs. Le plus souvent leurs réponses ne sont pas cohérentes, ce qui se comprend bien puisque leurs relations à l'enfant s'établissent dans des conditions très différentes. Sans doute, les professeurs seraient-ils les meilleurs juges, car ils observent l'enfant en référence avec un groupe d'enfants du même âge et dans des conditions demandant une certaine discipline. Tout enfant un tant soit peu agité est volontiers considéré comme instable.

Or, l'instabilité psychomotrice reconnue comme telle dans la classification française des troubles mentaux de l'enfant et de l'adolescent est une notion qui ne peut et ne doit être retenue que lorsque tous les éléments cliniques qui la définissent sont réunis : ces troubles, selon cette classification, doivent être en décalage net par rapport à l'âge et au niveau de développement mental de l'enfant, être plus importants dans les situations nécessitant de l'application, en classe par exemple. Ils peuvent disparaître transitoirement dans certaines situations, par exemple en relation duelle ou dans une situation nouvelle. Il est évident que l'enfant comme l'adolescent sont instables par définition car ils changent perpétuellement d'état et de condition.

Il semble bien que cette hyperactivité, source de tant de difficultés et de plaintes, soit un phénomène contemporain, ne serait-ce qu'en raison de la modification des conceptions éducatives largement répandues, à partir de théories psychanalytiques mal comprises et du fameux slogan soixante-huitard : « il est interdit d'interdire ».

Cette agitation est-elle plus fréquente actuellement ou est-elle moins bien tolérée par une mère débordée, un père surmené et préoccupé des lendemains qui ne chantent pas, un maître d'école submergé par des élèves indisciplinés et trop nombreux ? Tous ces facteurs doivent jouer.

Toujours est-il qu'il est peu de consultations de psychiatrie infantile où l'on ne recueille tout un registre de plaintes uniformes : il (elle) bouge tout le temps, il (elle) grimpe partout, il (elle) ne cesse d'agacer ses frères et sœurs, plus il (elle) peut faire de bruit plus il (elle) est heureux, il (elle) n'arrête pas même en classe, l'instituteur se plaint de lui (et elle) et ne peut en arriver à bout. Bref il (elle) est « tuant ».

L'instabilité s'inscrit dans tout un contexte de relations et les réponses de l'environnement sont déterminantes et dans son étiologie et dans son évolution. D'autres manifestations s'y associent, dont l'importance et l'impact varient d'un sujet à l'autre. L'on peut à l'envi en multiplier les tableaux cliniques, suivant la prédominance de telle ou telle de ces manifestations. Cependant il existe, même dans ces cas, un comportement de fond de l'enfant hyperactif qui correspond bien à une véritable entité, encore que chacun de ces enfants soit unique. Ces symptômes secondaires, surajoutés sont nombreux, citons : autoritarisme, brutalité, labilité de l'humeur, opposition systématique, indiscipline, obstructionnisme, entêtement, intolérance à la moindre frustration, irritabilité, crises de colère, sous-estimation de soi-même, pour ne citer que les principales.

Cependant au sens strict l'enfant hyperactif n'est point pathologique même s'il est hors normes. Sans cesse sollicité à de multiples occasions et par des tâches nouvelles il s'y attache un temps plus ou moins long pour en aborder bientôt d'autres. Il ne gêne personne car il est toujours occupé, son esprit étant absorbé par d'autres objets. Ces enfants, souvent très intelligents et très précoces, vivent intensément à une vitesse surmultipliée. L'hyperactivité qui par définition suppose action peut, par conséquent, ne pas s'accompagner de troubles de l'attention comme le disent les auteurs américains pour qui ces deux données sont indissociables mais bien d'une succession d'activités multiples, souvent hétérogènes, se succédant à un rythme endiablé. L'attention étant labile mais non pas défaillante, l'enfant hyperactif qui fait l'objet de cette étude est donc celui qui, perturbé, est perturbateur.

CHAPITRE I

L'HYPERACTIVITÉ VUE PAR LES MÉDECINS SELON LES ÉPOQUES

L'hyperactivité de l'enfant existe certainement depuis toujours mais elle n'est l'objet de préoccupations du monde médico-éducatif que depuis le début de ce siècle. Est-elle plus fréquente du fait du mode de vie actuel ou est-elle moins bien tolérée ? De nombreux facteurs donnent à le penser. Toujours est-il qu'une littérature de plus en plus abondante est consacrée à un tel problème, qui donne lieu à de très nombreuses discussions.

I. Une entité connue depuis la fin du XIXe siècle

Les auteurs de langue française, anglaise et allemande, ont décrit, dès la fin du XIXe siècle, l'instabilité du jeune enfant. L'analyse de la littérature montre la diversité de la terminologie utilisée depuis cette époque : instabilité psychomotrice, hyperkinésie, hyperactivité, dysfonctionnement cérébral *a minima*, déficit de l'attention avec ou sans hyperactivité, et la grande disparité des opinions sur le statut à lui accorder.

En 1898, Kraepelin décrit parmi les personnalités psychopathiques les « psychopathes instables ». Environ 5 % des cas des psychopathes instables qu'il a recensés sont des enfants âgés de 10 à 15 ans.

Demoor (1901), traitant de l'éducation des enfants à la maison et à l'école, décrit l'instabilité de l'enfant en la désignant par le terme de « chorée mentale ».

Bourneville (1897) est le premier auteur français à proposer une description clinique des débiles instables.

En 1905, Philippe et Paul Boncour publient un livre sur les *Anomalies mentales des écoliers* dont l'un des chapitres est consacré à l'écolier instable. En 1919 Paul Boncour écrit un article intitulé : « De l'excitation cérébrale infantile et de l'instabilité psychomotrice de l'écolier ». Selon Dupré (1913), l'instabilité est l'une des manifestations du « déséquilibre moteur congénital » avec la débilité motrice. L'instabilité est constitutionnelle et « révèle l'étroite association étiologique et clinique des deux déséquilibres mentaux et moteurs ».

Vermeylen, le premier, propose une conception psychogénétique de l'instabilité en la considérant comme une fixation à un stade archaïque du développement.

Wallon (1925), publie une thèse sur l'*Enfant turbulent*. L'instable se caractérise par un arrêt du développement psychomoteur à un niveau variable selon les cas.

II. « Il a la bougeotte »

Pichon, dans son livre sur le *Développement psychique de l'enfant et de l'adolescent* (1947), donne une description de l'instable qui reste d'actualité et à laquelle il n'y a rien à retrancher ni à ajouter. L'instabilité mentale et motrice semble un cadre d'attente. On y place des enfants qui ont physiquement peine à s'arrêter de bouger (« ils ont la bougeotte », disent très justement les familles) et, intellectuellement peine à fixer leur attention. L'enfant, malgré toutes les observations qu'on peut lui faire, se lève de table pendant les repas. Quand il joue, ce n'est pas cinq minutes de suite à la même chose. A l'école son perpétuel besoin de changer d'occupation est cause d'un certain retard, même quand il n'y a aucune arriération intellectuelle. Plus tard, lors de l'apprentissage et du choix d'un métier, l'instabilité se manifeste encore et devient funeste, car elle aboutit à rejeter l'adolescent vers des professions omnibus, n'exigeant pas de spécialisation technique, tels que chasseur d'hôtel, porteur, etc., lesquelles sont précisément les plus dangereuses pour lui, du fait des fréquentations de tous genres qu'elles entraînent.

Dans son livre sur *L'enfant et l'adolescent instables,* Abramson (1940) considère que l'instabilité est l'expression d'un déficit ou d'un déséquilibre dans les trois domaines fondamentaux que sont les aptitudes intellectuelles, motrices, et affectives.

Berges (1985) souligne également l'aspect relationnel de l'instabilité. L'instable oblige la mère à une surveillance permanente : « il l'enserre dans un réseau qui prévoit la catastrophe... “je ne peux le quitter des yeux... il suffit que je le perde du regard, et le voici sous une voiture” ».

Cette question a été abordée de façon très différente en France et dans les pays anglo-saxons.

En France l'on replace dans chaque cas le symptôme « instabilité » dans son contexte clinique. Les auteurs français, pour la plupart, considèrent que l'instabilité psychomotrice est une expression symptomatique qui ne peut se comprendre qu'en référence à l'**organisation psychique** de l'enfant et à son évolution relationnelle.

Les auteurs de langue anglaise insistèrent dès leurs premiers travaux sur **l'organicité** du syndrome. Progressivement va se développer l'idée que si la lésion cérébrale peut très bien passer inaperçue, cliniquement, l'existence de troubles du comportement, et notamment d'une hyperactivité, est suffisante pour affirmer l'authenticité de l'atteinte cérébrale. Mais, comme dans de nombreux cas, cette atteinte cérébrale supposée est difficile voire impossible à démontrer. On parle d'**atteinte minimale du cerveau**.

Clements et Peters proposent, en 1962, de remplacer le terme de lésion (injury) par celui de dysfonctionnement cérébral *a minima*, l'essentiel de cette opinion se basant sur l'éventualité de facteurs organiques qui, bien que non démontrés, pourraient être à l'origine de cette hyperactivité, cette défense opiniâtre et aveugle de l'organicité visant à déconsidérer l'idée qu'il s'agit là d'un problème psychogénique.

L'utilité d'un traitement par les **psychostimulants** devient, à partir des années 1970, l'objet d'un débat passionné.

En 1980 *Le Manuel Diagnostique et Statistique des Troubles Mentaux* — DSM III — mis au point par l'« American Psychiatric Association » décrit le trouble déficitaire de l'attention, dont il distingue deux sous-groupes : les troubles déficitaires de l'attention avec hyperactivité — qui concerne par conséquent ce que l'École Française baptise d'instabilité psychomotrice — et les troubles déficitaires de l'attention sans hyperactivité, qui élimine par conséquent de cette catégorie les enfants hyperactifs (cf. en annexes les Tests de dépistage de l'hyperactivité).

CHAPITRE II

CAUSES ET MÉCANISMES

L'hyperactivité ou l'hyperkinésie se caractérise par une hyperactivité motrice et/ou mentale permanente par rapport à la moyenne, compte tenu du sexe et de l'âge du sujet. Elle peut être primitive ou secondaire à des causes diverses : il s'agit en fait d'états multiples, de pathogénies et de pronostics radicalement différents.

L'étio-pathogénie de ce syndrome a fait l'objet de nombreuses études et de nombreuses discussions dont les répercussions, dans le domaine de la thérapeutique, sont fort importantes : d'aucuns mettent l'accent sur un éventuel facteur organique, sur quelques troubles biologiques affectant le cerveau, sur une hérédité. D'autres pensent qu'il s'agit surtout de problèmes d'ordre psychologique mettant en cause l'environnement familial, puis social, entraînant anxiété, frustrations, morosité.

I. Les facteurs organiques

Le « syndrome hyperkinétique » a d'abord été rattaché à la notion de lésions cérébrales *a minima* (Minimal Brain Injury) par les auteurs anglo-saxons qui envisagent deux étiologies à l'origine de ce syndrome : l'une comme une variante mineure de lésions traumatiques ou infectieuses du cerveau, l'autre comme une anomalie biochimique cérébrale, probablement génétique.

Cette recherche sur la pathologie organique (héréditaire ou acquise) doit cependant tenir compte du rôle pathogène de l'environnement. En effet, chez les enfants bien plus que chez les adultes, les troubles comportementaux associés à une organicité sont profondément modifiés par des conditions sociales, économiques ou familiales.

1) Les lésions traumatiques ou infectieuses

En 1925, Dupré décrit la débilité motrice : « état pathologique congénital de la motilité, souvent héréditaire et familial, caractérisé par l'exagération des réflexes tendineux, la perturbation des réflexes plantaires et syncinésies, la maladresse des mouvements volontaires et enfin par une variété d'hypertonie musculaire diffuse en rapport avec les mouvements intentionnels et aboutissant à l'impossibilité de réaliser volontairement la résolution musculaire (paratonie) ». Un tel concept se justifie quand existe une atteinte lésionnelle cérébrale dont on peut trouver l'authenticité soit par l'existence de signes neurologiques, soit par des enregistrements électroencéphalographiques ou par une visualisation scanographique. En l'occurrence, Dupré a été un précurseur et la tentation a toujours été grande, pour certains auteurs, d'enfermer l'enfant trop remuant et peu attentif dans un cadre médical lésionnel et, à partir de 1937, de le soumettre systématiquement à une chimiothérapie.

Dans son livre sur *L'enfant et l'adolescent instables*, inspiré par G. Heuyer, J. Abramson, dès 1940, faisait état des instabilités post-infectieuses et post-traumatiques.

Initialement les premières descriptions, de ce qui s'appelait alors « minimal brain disease : lésions cérébrales *a minima* », portèrent sur des enfants souffrant de séquelles d'encéphalites, en particulier encéphalite de Von Economo (1917), d'intoxication ou de traumatisme crânien. La relative similitude chez d'autres enfants conduisit les auteurs à élargir le cadre de ce syndrome.

Les conceptions selon lesquelles l'hyperkinésie serait la conséquence directe d'atteintes neurologiques se sont développées à la suite de travaux de Strauss et Lehtinen en 1947, après qu'ils eussent observé une hyperactivité chez les enfants souffrant de lésions cérébrales.

En 1947, Bradley utilise, à propos de l'hyperactivité, l'expression de « minimal brain injury », c'est-à-dire « lésion cérébrale *a minima* » et son corollaire, son amélioration par l'administration de « stimulants ».

Ainsi, de 1950 à 1960, la plupart des auteurs considéraient que l'hyperactivité de beaucoup d'enfants était en rapport avec une atteinte cérébrale. Cette idée avait l'avantage de donner aux parents une explication apparemment rationnelle aux troubles constatés et de les déculpabiliser.

On peut retrouver certes — mais non exclusivement — une atteinte cérébrale *a minima*, ainsi que le disent certains auteurs anglo-saxons, qui incriminent les menaces d'avortement, les grandes prématurités, les dysmaturités, les accouchements dystociques, les réanimations et certains troubles métaboliques.

Mais, contrairement à ce que l'on pouvait attendre d'une telle hypothèse, des études très poussées montrèrent que nombre de ces enfants ne souffraient aucunement d'une atteinte cérébrale néo-natale. C'est ainsi que le score d'Apgar, évalué chez ceux-ci, n'était nullement significatif. L'état de l'enfant à la naissance s'exprime par le score d'Apgar que l'on détermine à une minute, cinq minutes, dix minutes après la naissance et qui comprend une appréciation de l'état du cœur, de la respiration, du tonus, de la réactivité et de la couleur des téguments. Le nouveau-né normal a un score de dix. Alors qu'il était légitime de penser que les enfants aux scores les plus bas, seraient les plus atteints, l'étude de très larges groupes d'enfants a montré que ceux qui avaient des problèmes d'apprentissage et de comportement n'étaient pas ceux dont le score d'Apgar était particulièrement faible. Aussi ne peut-on pas se baser sur le niveau de ce score pour en déduire que les enfants ayant un faible score deviendront hyperactifs.

A la suite des travaux des séminaires de la Spastics' Society d'Oxford, publiés sous la direction de M. Bax et R. Mac Keith (7-1963), on abandonne le terme de « damage ». La notion de lésion a laissé place au terme de **dysfonctionnement** admettant des mécanismes biologiques et génétiques plus discrets : action des médications psychotropes sur la vigilance, l'attention, la stabilité psychomotrice et la rapidité d'apprentissage, action favorable des neuroleptiques et surtout des amphétamines dans l'instabilité ; par contre action aggravante des phénobarbitals.

Si cette **instabilité psychomotrice** est reconnue par tous comme une entité clinique évidente, source de nombreuses difficultés d'adaptation et motifs de consultations non moins nombreuses (80 % des enfants ayant des difficultés scolaires seraient des enfants hyperkinétiques), il nous paraît fort discutable, faute de preuves, de la rattacher uniquement à cet hypothétique dysfonctionnement cérébral *a minima*, ainsi que le firent Clements et Peters, utilisant ce terme pour réagir à l'opinion insistant sur les facteurs psychologiques générant ce syndrome.

La question reste ouverte. Bien que les recherches actuelles mettent l'accent sur les facteurs génétiques, neurophysiologiques et biologiques, il serait aberrant de mésestimer l'impact des facteurs psychologiques. L'on peut légitimement penser que les uns et les autres interagissent.

2) Autres étiologies

Une consultation avec le médecin de famille peut s'avérer nécessaire. Celui-ci devra rechercher une cause spécifique de l'hyperactivité, pouvant être médicalement traitée tels :

- **l'oxyurose** responsable d'un prurit facteur de trémoussements,
- une **hyperthyroïdie** entraînant agitation, colères, instabilité, perturbant la vie familiale et la scolarité chez une enfant jusqu'alors normal qui se montre agité de mouvements anormaux, rapides, involontaires, asymétriques, sans but et non localisés,
- plus des deux tiers d'enfants hyperactifs auraient eu plus de dix **infections auriculaires** (otites) que les enfants d'un groupe témoin. Nous ne pouvons en tirer aucune conclusion,
- il faudra songer à une **chorée** débutante,
- et penser aussi aux effets nocifs de certains **médicaments** tels le phénobarbital, la théophylline, l'absorption de café et de thé,
- beaucoup de régimes alimentaires ont été considérés comme pouvant aggraver l'hyperactivité (maïs, blé, œufs et chocolat). Ces idées sont controversées. Les colorants artificiels et certains additifs ont été accusés, semble-t-il, à tort. Il en a été de même en ce qui concerne le sucre. D'une façon générale on pense que les régimes n'ont pas d'effets significatifs sur l'hyperactivité.

Certains examens complémentaires seront demandés si besoin est : tels un électroencéphalogramme, un scanner. Ces examens permettent d'éliminer une affection pouvant s'accompagner d'une hyperactivité, certaines formes d'épilepsie par exemple, encore qu'il soit tout à fait rare de confondre les absences d'un petit mal avec une hyperactivité. Il est raisonnable de ne pas multiplier les examens par esprit de système, ces investigations souvent abusives étant génératrices d'angoisse chez les parents.

3) Hypothèses neuro-physiologiques et biochimiques

Les stimuli venant des récepteurs sensoriels et viscéraux passent par le diencéphale où ils sont filtrés. La sélectivité de ce filtrage est déficiente. Le contrôle inhibiteur du cortex serait insuffisant. Le cortex et la substance réticulée sont donc bombardés par une séquence d'informations sensorielles se modifiant constamment et provoquant une excitation corticale excessive.

Il en résultera une hyperactivité, réponse accrue aux stimuli venant de l'environnement.

L'hypothèse biochimique complète la précédente. Les enfants hyperactifs auraient un déficit constitutionnel ou des anomalies du métabolisme des mono-amines cérébrales. Ceci expliquerait l'action des **amphétamines** qui relèverait le niveau d'éveil cortical. Il s'agit là d'hypothèses intéressantes mais non démontrées.

Une telle conception efface tous les facteurs psychologiques et relationnels que l'on retrouve avec une grande fréquence dans les antécédents et le vécu des enfants hyperkinétiques.

II. Le facteur héréditaire (antécédents familiaux)

Une prédisposition génétique a été également invoquée ; en effet des antécédents familiaux d'instabilité psychomotrice, de sociopathie, d'alcoolisme, seraient rencontrés plus souvent dans les familles d'enfants hyperactifs que dans une population témoin. Et déjà J. Abramson écrivait à propos de l'hérédité des enfants instables : « ces derniers naissent et se développent dans un milieu dissocié ou taré physiquement et mentalement. Ils évoluent par conséquent dans un milieu défectueux ». On entre, ici, dans le cadre de l'instabilité « conditionnée », décrite par Heuyer, ressortissant à la dissociation familiale, à l'incohérence éducative, à l'anxiété maternelle, aux placements multiples, à l'hospitalisme.

Les familles des enfants hyperactifs seraient, dans des proportions non négligeables, plus ou moins perturbées, les frères et sœurs auraient des problèmes de même ordre quoique moins accentués.

A notre avis, ceci ne permet pas d'invoquer des facteurs héréditaires. De tels milieux sont en eux-mêmes perturbants. L'on sait que l'exiguïté des locaux d'habitation peut être à l'origine de troubles de ce genre (l'on teste au laboratoire l'efficacité des neuroleptiques en expérimentation, par le taux de létalité des animaux vivant en espace réduit qui se mordent, se blessent du fait de leur agitation due au confinement).

L'enfant hyperactif a quatre fois plus de chances qu'un autre enfant d'avoir un autre membre de sa famille accusant des difficultés de même ordre. Bien entendu, il faut en l'occurrence tenir compte des facteurs de l'environnement, le comportement de l'enfant pouvant être induit par celui des parents. Dans certaines familles règne un climat particulièrement agité qui ne peut pas ne pas agir sur la fratrie. Afin de faire la part de ce qui revient à l'hérédité et à l'environnement, il est nécessaire d'étudier le comportement d'un enfant en dehors de sa famille biologique : tel est le cas des enfants adoptés dès leur naissance. Une autre méthode permettant d'étudier les effets de l'hérédité consiste à comparer le comportement des jumeaux monozygotes — les vrais jumeaux — avec celui des jumeaux dizygotes — les faux jumeaux —, de telles études donnent à penser que l'on ne peut éliminer un facteur héréditaire dans la genèse de ce syndrome. Néanmoins, l'on sait que certains parents hyperactifs ont des enfants qui ne le sont pas et que, inversement, des enfants hyperactifs peuvent naître d'un couple indemne.

Disons encore que de nombreuses familles dont les membres ont un chromosome X fragile ont d'importants problèmes de concentration, d'agitation, d'impulsivité et d'hyperactivité. Tous ces éléments relèvent du diagnostic d'une hyperactivité de base ou du déficit d'attention avec hyperactivité s'ils apparaissent dans de multiples occasions.

On retrouve fréquemment dans les antécédents des malades atteints du syndrome de Gilles de La Tourette des signes d'agitation, d'inattention, de labilité émotionnelle, de difficultés d'apprentissage. La question se pose de savoir si l'un et l'autre de ces syndromes ont une même origine génétique.

III. Psychogénèse

La place de la psychogénèse du syndrome est diversement appréciée suivant les auteurs. Pour la plupart des auteurs américains aucun facteur essentiellement psychologique n'est à l'origine du syndrome de l'enfant hyperkinétique, alors que la plupart des auteurs français met l'accent sur les facteurs socio-économiques, la dynamique familiale et le vécu des sujets. Ce syndrome serait en rapport avec des perturbations relationnelles précoces telles celles vécues par les petits enfants affectivement gravement carencés, placés de nourrice en nourrice, la distorsion du lien mère-enfant étant déterminante dans l'apparition du tableau clinique.

Les facteurs psychologiques, la qualité de l'environnement familial, scolaire et social, ont une grande influence sur le développement d'un tel enfant encore que l'on ne puisse affirmer qu'ils soient l'unique cause de ce syndrome, mais ils jouent un rôle essentiel dans les symptômes d'apparition secondaire, tels que l'agressivité, l'impulsivité et la pauvre estime que l'enfant a de lui-même.

L'examen de l'enfant hyperactif doit comporter une étude soignée de ses antécédents familiaux, portant sur les premiers signes observés, la façon dont les parents ont réagi, les circonstances déclenchantes ; ceci est particulièrement important à connaître, surtout s'il s'agit de grands enfants et d'adolescents.

Des situations génératrices d'angoisse et d'insécurité :

– naissance d'un puîné, séparation, mésentente familiale, divorce,
– deuil,
– de plus en plus d'enfants vivent dans des familles recomposées aux repères incertains.

L'enfant réagit souvent par un surcroît d'activité motrice ayant un rôle de défense contre cette angoisse. Si le conflit générateur de celle-ci est éphémère le symptôme ira en s'amendant.

Une carence d'autorité, un laxisme éducatif, peuvent être à l'origine d'une instabilité, l'enfant ayant besoin de règles et de limites pour édifier un surmoi nécessaire à toute vie sociale.

Il faut distinguer les réactions d'hyperactivité répondant à telle situation définie, de l'hyperexcitation quasi permanente, ceci permet de décrire une **hyperactivité réactionnelle**.

Les études à long terme montrent que les facteurs familiaux et sociaux ont une importance considérable concernant l'avenir de ces enfants qui, en fonction de ceux-ci, peuvent développer des troubles plus ou moins graves des conduites. Le comportement des parents à cet égard est sans doute décisif.

Il ne faut pas confondre l'enfant hyperactif avec l'enfant « tornade » et dévastateur, victime du laxisme éducatif trop fréquent de nos jours et qui se résume à : « Il est interdit d'interdire ».

Neill lui-même, auteur de *Libres enfants de Summerhill* qui fut la Bible de ce temps là, décrit les excès et les incompréhensions du système qu'il défend.

« Un jour, raconte Neill, une mère m'amena sa fillette de sept ans. "Monsieur Neill, me dit-elle, j'ai lu tout ce que vous avez écrit et avant même que Daphné soit née j'avais décidé de l'élever exactement selon vos méthodes". Je lançai un regard vers Daphné qui se tenait debout sur mon piano à queue avec ses chaussures à semelles épaisses. Elle sauta de là sur le sofa et passa presque à travers les ressorts. "Vous voyez comme elle est naturelle, dit la mère, une véritable enfant Neillienne". Je crains d'avoir alors rougi ».

« C'est cette distinction entre la liberté et l'anarchie que beaucoup de parents ne saisissent pas ».

Freud cherchant à définir les modalités d'une éducation basée sur les théories psychanalytiques lui fixe comme but « la maîtrise des instincts ». Aussi doit-on choisir entre le « Scylla » du laisser faire et le « Charybde » de l'interdiction. Et Freud choisit entre maîtriser les instincts et, laisser à l'enfant une liberté totale, l'autoriser à obéir sans contrainte à toutes ses impulsions : il se décide pour la maîtrise et la contrainte, tout en souhaitant découvrir la façon la plus profitable et la moins dangereuse de s'y prendre.

Que n'a-t-il été entendu par certains de ses disciples qui prônèrent une totale liberté, laissant l'enfant en proie à ses instincts de « pervers polymorphe » sans que soient édifiées les instances normatives du Surmoi. En sont issus ces enfants-terreurs, agités, indisciplinés, plus que véritablement hyperactifs, redoutés de tous car véritablement redoutables. Ils peuvent un temps faire illusion mais le contexte de leur cursus permettra d'y voir plus clair.

On ne leur a pas appris que la vie en société demandait que soit différée l'impulsion immédiate et on ne leur a pas demandé d'attendre et de réfléchir avant de passer à l'action.

CHAPITRE III

ÉTUDE CLINIQUE

Isoler en un syndrome la description clinique de l'enfant hyperactif semble fallacieux tant sont divers et inconstants les symptômes qui le caractériseraient. Ainsi peu de catégories diagnostiques ont été à l'origine d'autant de controverses. Des idées très différentes se font jour dès que l'on étudie un tel comportement ; la diversité des termes utilisés pour désigner ce pseudo-syndrome en est la preuve et nous avons vu, suivant que l'accent était mis sur les troubles de l'attention, comme facteur de base ou sur l'hyperactivité on le baptisait :

– réaction hyperkinétique de l'enfance,
– syndrome d'hyperactivité,
– lésion cérébrale mineure,
– dysfonctionnement cérébral mineur,
– instabilité psychomotrice pour les auteurs français.

Cependant il serait quelque peu simpliste de dire que pour les auteurs anglo-saxons tout enfant hyperactif ou hyperkinétique est un enfant souffrant d'un dysfonctionnement cérébral mineur et qu'il doit bénéficier d'un traitement par les amphétamines, ce que résume l'opinion de Dopchie qui dit : « j'appelle enfant hyperkinétique celui qui souffre de troubles de l'organisation du moi, répond de manière positive à la thérapeutique par les amphétamines. L'effet positif de cette thérapeutique signe le syndrome ». De même il serait tout aussi inexact de prétendre que tous les auteurs de langue française pensent que l'hyperactivité de l'enfant, alias instabilité psychomotrice, est l'une des expressions d'une carence affective relevant alors d'une prise en charge psychothérapique.

I. Prévalence et sexe

La fréquence de l'hyperactivité de l'enfant est appréciée de façon fort variable d'un pays à l'autre, vraisemblablement du fait de la différence de culture et des critères diagnostiques retenus. Les écarts d'estimation sont tels qu'il n'existe pas de chiffres auxquels on puisse véritablement se fier et il faut apprécier avec beaucoup de sens critique les différentes statistiques, en précisant la façon dont celles-ci ont été élaborées.

Ainsi une enquête effectuée en 1972 à l'Université de Maryland et portant sur 100 enfants adressés pour hyperkinésie, examinés par plusieurs membres d'une équipe de pédo-psychiatres a montré que pour 58 enfants la notion d'hyperkinésie n'a été retenue par aucun des examinateurs, pour 29 enfants, ils ont été jugés hyperkinétiques par certains d'entre eux et seulement 13 enfants ont été jugés hyperkinétiques par tous les observateurs.

Quoi qu'il en soit, ce diagnostic est plus fréquemment invoqué de nos jours qu'il ne l'était il y a quelque temps. Sa spécificité, comme nous l'avons dit, n'a été reconnue de façon certaine que par quelques auteurs, discutable pour d'autres.

Les parents souvent accablés par les tâches quotidiennes réagissent mal aux incartades de leur progéniture et ont tendance à en exagérer l'importance. C'est ainsi que dans une recherche, 49 % des parents interrogés considèrent que leurs enfants sont hyperactifs. Si l'on s'en tient au jugement des parents et des professeurs comme seul critère diagnostique, le pourcentage d'enfants étiquetés de la sorte apparaît comme considérable. L'appréciation de la fréquence du syndrome varie d'une enquête à l'autre, d'un pays à l'autre, nettement plus importante aux États-Unis qu'en Grande-Bretagne et en France.

Les études américaines estiment sa prévalence dans une fourchette allant d'un minimum de 1 à 5 % et à un maximum de 10 à 20 %.

80 % des enfants ayant des difficultés scolaires seraient des hyperactifs. Les statistiques françaises font état de 4 à 10 % d'enfants d'âge scolaire relevant de ce diagnostic.

On considère que l'hyperactivité est approximativement 5 à 9 fois plus fréquente chez les garçons que chez les filles. Celles-ci seraient moins agitées que ne le sont les garçons. En fait il y a plus de similitudes que de différence dans le comportement de l'un et l'autre sexe.

II. Age de début – Circonstances de l'examen

1) Le bébé hyperactif

C'est un lien commun de dire depuis plusieurs générations que l'instabilité psychomotrice est l'état normal du petit enfant. Or cette image du petit enfant, instable par nature, ne correspond pas à la réalité. Avant l'acquisition de la marche et la maîtrise parfaite de l'usage des membres supérieurs, l'instabilité est rare ; en effet tout contribue à cette rareté : durée du sommeil, prédominance de la vie végétative sur la vie de relation — l'hyperactivité, l'agitation, l'instabilité, la nervosité correspondent bien souvent à un malaise, à une incapacité à se détendre dont il convient de rechercher la cause. Celle-ci peut être organique, telle :

- une otite, un eczéma hautement prurigineux ;
- des lésions cutanées (ecchymoses, brûlures) faisant craindre l'éventualité de mauvais traitements ;
- un état d'excitation cérébrale, en rapport avec une médication : théophylline, barbituriques, même sans dosage excessif ;
- plus rarement troubles endocriniens ; hypocalcémie, hypoglycémie…

L'éventualité la plus fréquente et la plus difficile à déceler est celle d'un enfant vraisemblablement normal, vivant dans un milieu familial qui ne l'est pas. La source la plus fréquente d'une telle situation est **l'angoisse de la mère**, angoisse en rapport avec un sentiment d'incompétence devant les difficultés d'élevage de son enfant, il s'agit surtout des enfants premiers-nés. Angoisse majorée par les conseils ou les reproches de l'entourage, angoisse parfois liée à l'état dépressif du post-partum. Il s'ensuit des interventions inadaptées, source de malaise et d'insécurité, de la mère vis-à-vis de son enfant. Les réactions de l'enfant ne font que convaincre la mère de son incapacité à assumer son rôle. Des manifestations hyperkinétiques de l'enfant peuvent en découler.

Si certains nouveau-nés sont capables de rester calmes pendant un certain temps, ce qui est favorable à une interaction gratifiante pour les parents, d'autres bébés éprouvent au contraire de grandes difficultés à régulariser leurs moments de vigilance ce qui risque de perturber leur mère. L'étude des états de vigilance a permis de décrire certaines caractéristiques du comportement néo-natal. Nous retiendrons celui de l'irritabilité, c'est-à-dire de la facilité avec laquelle des stimulations, si minimes soient-elles, déclenchent pleurs et agitation. L'Échelle d'Évaluation des Comportements Néo-Nataux de Brazelton permet d'observer de façon systématique un certain nombre de caractéristiques néo-natales, celles concernant notamment la motricité du bébé. Certains bébés ont été décrits comme étant hyperactifs et l'on pense que ce type d'activité congénitale va persister jusqu'à l'âge adulte. Chaque enfant naît avec un **tempérament** relevant de facteurs constitutionnels. Les manières d'être et d'agir, le comportement, en dépendent en grande partie. Elles affectent la façon dont l'enfant se comporte vis-à-vis de ses parents et la façon dont ceux-ci y répondent. Il est certain qu'un enfant, calme, tranquille, attentif, s'adaptant bien à ce qui lui est demandé, sera facile à élever et satisfera ses parents alors qu'un enfant braillard, agité et hostile culpabilisera ceux-ci qui se demanderont dans quelle mesure ils sont responsables.

Près de 5 à 10 % des nourrissons seraient hyperactifs. Ils ont un sommeil agité ou passent sans transition d'un sommeil profond à un état d'activité effrénée, ils n'acceptent pas les routines quotidiennes, les repas, la toilette. Ils réagissent immédiatement à la moindre tension. Hypernerveux de nature, il est très difficile de les calmer. Ces crises de colères peuvent se prolonger durant plusieurs heures de suite, au cours desquelles ils hurlent, se tortillent, virent au rouge ou au violet. Ils se débattent avec une extraordinaire vigueur dans les bras de qui les tient. Certains d'entre eux, après cette période difficile verront ces troubles s'amender et n'auront pas de difficultés ultérieures. Mais d'autres peuvent être considérés comme des enfants à risque qui auront plus que d'autres des problèmes d'apprentissage, de conduites, d'inattention et d'hyperactivité. Une prise en charge précoce ne guérit pas l'hyperactivité mais permet, dans une certaine mesure, d'éviter les troubles secondaires qu'elle risque d'entraîner.

De telles difficultés sont extrêmement difficiles à supporter par des jeunes parents inexpérimentés, désemparés et qui se sentent responsables et, par conséquent, coupables. Ils se montrent alors ou trop permissifs ou trop intolérants, réagissant avec colère parfois même avec violence : patience et tolérance sont de mise alors que irritabilité, cris et menaces, anxiété, ne font qu'aggraver le problème. La qualité des interrelations parents-enfants est essentielle et permettra, dans bien des cas, de prévenir l'issue de ces troubles.

On retrouve dans les antécédents des enfants hyperactifs cette notion qu'ils étaient des bébés criards, irritables, au sommeil agité, incapables de poursuivre un jeu, destructeurs, usant la patience de leur mère, plus que les autres enfants.

Dès avant l'âge de trois ans les parents sont capables de dépister ces troubles.

L'on s'est évidemment posé la question de savoir quelle était la façon d'être du nouveau-né. Les réponses données par les mères sont sujettes à caution dans la mesure où elles sont rétrospectives et peuvent ainsi être induites par l'état actuel de l'enfant. Beaucoup disent que le fœtus était particulièrement agité pendant sa vie intra-utérine lui donnant des coups de pieds et que pendant ses premiers mois le bébé avait des troubles du sommeil, qu'il était agité, se tortillait dans leurs bras et dans son berceau et était sujet à une irritabilité intestinale.

A vrai dire ces manifestations ne sont pas spécifiques et peuvent s'observer chez de petits enfants qui, ultérieurement, seront parfaitement normaux. Il n'empêche que les relations mère-enfant sont alors dès le départ quelque peu perturbées et qu'elles risquent de perdurer.

2) L'âge de la marche

Une certaine instabilité s'observe normalement chez l'enfant à partir de l'âge de la marche. Elle correspond à un besoin de mouvements qui pousse l'enfant à multiplier ses découvertes : expérience qui va de pair avec l'acquisition progressive d'une plus grande maîtrise des possibilités motrices et perceptives. Cette instabilité physiologique se prolonge en général jusqu'à 4 ans, voire plus. Elle pose essentiellement le problème de la tolérance de l'entourage. En effet, face à des exigences familiales puis scolaires excessives, l'enfant risque d'accentuer cette conduite et de s'installer alors dans une véritable instabilité réactionnelle.

A cet âge, quelques petits enfants que l'on pouvait jusqu'alors considérer comme étant sans problèmes deviennent hyperactifs, ne pouvant rester dans leur parc ou dans leur berceau dont ils escaladent les montants pour se promener à travers la maison alors que la mère exaspérée a tout fait pour les contenir. Leur sommeil est souvent perturbé, généralement léger et de peu de durée et l'on peut trouver le bébé se promenant à travers les pièces de l'appartement dont il explore les recoins. Cela provoque des plaintes de la mère confrontée à la difficulté qu'a l'enfant de rester en place. Le temps des repas, par exemple, durant lequel il ne cesse de s'agiter.

A l'extérieur ils s'échappent volontiers et peuvent ainsi être victimes d'accidents ce qui ne modifie d'ailleurs pas leur impétuosité. Ce sont des « brise tout » auxquels nul jouet ne résiste.

3) L'école maternelle

Le premier contact de ce personnage hautement dynamique, qui a du vif argent dans les veines avec les structures forcément statiques de l'école, peut être à l'origine de conflits. Le premier passage difficile est celui de l'entrée à l'école maternelle. Dans la majorité des cas l'hyperactivité apparaît à ce moment : alors l'enfant quitte sa famille et se trouve plongé dans un nouveau milieu. Un parmi les autres, devant partager avec ceux-ci l'attention de l'institutrice, sa famille ne lui sert plus de tampon et jusqu'alors considéré comme dégourdi et immature son comportement n'est plus toléré, il doit accepter un certain nombre de règles et de limites, son tempérament ne s'adapte pas aux contraintes de l'école si libérales soient-elles.

Les enfants instables sont redoutés des institutrices. Celles qui ont quelque expérience auront vite fait de repérer, chez les petits enfants, ceux qui risquent de devenir hyperactifs et qui auront de surcroît des difficultés d'apprentissage et des troubles en rapport avec une anxiété et une dépression.

Leur impulsivité, leur inattention, leur perpétuelle agitation épuisent l'institutrice toujours en alerte, guettant les bêtises qu'ils vont faire, les accidents qu'ils peuvent provoquer. Ils se montrent souvent agressifs vis-à-vis de leurs camarades, sans méchanceté aucune, mais sont de ce fait rejetés. Bien que souvent d'intelligence brillante, ils sont capables d'accomplir les tâches qui leur sont demandées mais leur manque de persévérance font que souvent ils échouent. Malgré toutes les observations qu'on peut leur faire, ils se lèvent de table pendant les repas, lorsqu'ils jouent ce n'est pas cinq minutes de suite à la même chose, à l'école leur perpétuel besoin de changer d'occupation est cause d'un retard, même quand il n'y a aucune arriération intellectuelle.

Les aspects cliniques du syndrome sont extrêmement divers, le comportement de l'enfant changeant suivant les situations dans lesquelles il se trouve. Ce qui plus est, sa maturation, son statut au sein de sa famille, de son école, des demandes qui lui sont faites modifient son comportement, de sorte que sa façon de répondre change également.

Par conséquent les observations concernant les jeunes enfants d'âge pré-scolaire peuvent mettre en évidence un certain nombre de comportements faisant craindre une hyperactivité ultérieure. En l'occurrence, il faut se montrer prudent, ne pas inquiéter les parents mais les rassurer tout en leur donnant des conseils susceptibles de les aider et de prévenir des réactions susceptibles d'être néfastes. En effet, une telle symptomatologie n'est pas spécifique, on peut la retrouver de manière isolée chez nombre d'enfants ayant l'une ou l'autre de ces manifestations.

4) La "grande école" – L'entrée au cours préparatoire

Ces difficultés peuvent perdurer au-delà de l'entrée à la grande école ; elles s'exacerbent même dans la mesure où une certaine discipline est alors demandée ainsi que l'apprentissage proprement scolaire de la lecture et de l'écriture. Il peut s'ensuivre une **dyslexie**. Quel que soit leur niveau mental ils n'écoutent pas ce qui leur est demandé et manquent de persévérance. Ils sont brouillons, désorganisés, distraits et s'emploient à distraire les autres. Ils perturbent la classe, sont fauteurs de troubles et source d'ennuis tant pour leur maître que pour leurs camarades.

C'est généralement au moment de l'entrée au cours préparatoire que le diagnostic d'hyperkinésie est porté. Certes la symptomatologie existait bien avant la première consultation. Est-ce à dire que les parents de ces enfants ont un niveau de tolérance très élevé ou que l'entrée à l'école est la composante supplémentaire qui fait qu'alors l'intolérable se produit ?

Il est important de savoir si l'hyperactivité était très précoce. Il est certain qu'elle a dû jouer un rôle dans les relations de l'enfant avec son entourage et qu'elle a, en quelque sorte, faussé ces relations d'une manière ou d'une autre.

Quelle que soit la date de début de ces troubles, quand viendra l'âge de l'école, **la scolarité va pâtir à bien des points de vue de l'état de ces enfants**. Des difficultés d'adaptation d'ordre comportemental vont survenir, l'instabilité va entraîner des réactions des enseignants. Ce n'est pas l'enfant qui se plaint de son hyperactivité mais les parents, les maîtres et les médecins.

L'enseignant pousse les parents à consulter en centrant souvent alors ses remarques sur l'instabilité de l'attention plus que du comportement : « **il papillonne, il a toujours la tête en l'air, il est distrait, il pourrait mieux faire s'il était attentif** ». D'emblée se révèle par ces plaintes la double polarité de l'instabilité, le pôle moteur, le pôle des capacités d'attention.

Une des observations les plus habituelles faites par les professeurs de l'école élémentaire, concernant les enfants hyperactifs, est qu'ils sont **rêvasseurs**. En fait il n'en est rien mais ces derniers s'intéressent à d'autres choses que ce que le professeur est en train d'expliquer. Leurs intérêts sont dispersés, diffluents et peu scolaires. Aussi leurs attitudes sont-elles irrégulières, imprévisibles, irresponsables. L'enfant hyperactif peut réaliser un travail de façon tout à fait satisfaisante un jour et être incapable de le faire le jour suivant. Ce qui donnerait à penser qu'il est indocile et de mauvaise volonté. Or, l'enfant hyperactif ne désobéit pas, il n'est ni insoumis, ni insubordonné, mais agit par une force qu'il ne peut contenir. Certains parents le comparent à un **moteur à explosion**. La tolérance à l'instabilité, véritable pivot de ce syndrome, met d'emblée l'accent sur ce que celui-ci a de relationnel : « l'instabilité est contagieuse, il perturbe la classe, il me met hors de moi, il m'énerve », sont des expressions souvent entendues.

Généralement ce sont les professeurs hommes plus que les professeurs femmes qui décèlent l'hyperkinésie de tel de leurs élèves. Cela viendrait du fait que les professeurs hommes sont plus exigeants en matière de discipline.

Avoir dans sa classe un enfant hyperactif est difficile, en avoir plusieurs dépasse les limites de l'endurance et lorsqu'un professeur a des difficultés à maintenir la discipline c'est généralement parce que sa classe renferme plusieurs de ces enfants.

5) Le collège

Ces troubles vont persister lors du passage du cours moyen deuxième année, au collège. Durant l'enseignement primaire, l'enfant avait un seul maître ; durant l'enseignement secondaire, au collège, les maîtres sont multiples. Il lui faut désormais affronter un autre problème : celui de la dispersion de cette image du Professeur. Un deuxième facteur intervient même pour l'enfant normal ; la durée de la classe est de 3/4 d'heure à une heure, et excède manifestement ses possibilités d'immobilité et d'attention, ses difficultés d'autant plus grandes qu'il lui manque l'atout essentiel de l'attention c'est-à-dire la motivation. Les enfants sont beaucoup plus intéressés par les conversations et les jeux qui peuvent s'ébaucher entre eux que par les tâches qui leur sont proposées. Ils sont instables, distraits. Ces manifestations tendent à s'atténuer chez les pré-adolescents et les adolescents.

6) Le lycée

Ces troubles persistent durant tout le cycle secondaire. Les résultats scolaires s'en ressentent, ce qui entraîne reproches et punitions de la part des parents. Perturbateurs et perturbés ces enfants sont rejetés par leurs camarades, ne se font pas de copains. Dans un premier temps ils se montrent plutôt sympathiques mais perdent leurs amis aussi vite qu'ils s'en font. Conscients de leurs difficultés d'apprentissage, de leur isolement, ils sont souvent moroses, dépressifs et se sous-estiment. L'incidence d'un état dépressif chez eux a été estimée à près de 30 %.

Toutes ces difficultés peuvent s'amender à l'adolescence ; certains parviennent à développer des mécanismes de compensation et sont capables de se contrôler.

A ce syndrome de l'enfant hyperactif peuvent s'associer des troubles instrumentaux mais ceux-ci n'en font pas partie intégrante. Ils s'expriment sous forme de difficultés spécifiques telles que dyslexie, dysorthographie, dyscalculie, de troubles du langage, de la coordination motrice, de la latéralisation.

III. Évaluation des manifestations d'hyperactivité

La séméiologie fait l'objet des renseignements fournis par les parents, les maîtres et l'observation du pédo-psychiatre : il existe très schématiquement deux types d'instabilité :

- une **instabilité de situation**, se manifestant en fonction des circonstances. Ainsi sur le terrain de sport, l'enfant hyperactif peut se comporter de façon parfaitement adaptée parce qu'il n'a pas à se tenir tranquille alors qu'en classe ou dans une salle de restaurant il n'en est pas de même,
- une **instabilité permanente**, celle qui fait l'objet de notre étude évoluant, comme nous l'avons dit, depuis le plus jeune âge et se pérennisant.

Mais en pratique la distinction entre ces deux groupes n'est pas aussi tranchée.

L'évaluation de l'hyperactivité n'est pas facile, elle dépend en grande partie de la tolérance de l'environnement. **Tel enfant sera tenu pour hyperactif à l'école, normal à la maison et vice-versa**.

Cette évaluation inclut toutes informations concernant l'histoire de l'enfant, son intelligence, sa personnalité, ses capacités scolaires, ses amis, son comportement à l'école, à la maison et son état de santé. Se contenter des plaintes des parents, qui ne peuvent pas être véritablement objectifs, serait source d'erreur, leur tolérance varie en fonction de leur susceptibilité. Aussi est-il indispensable de confronter les plaintes recueillies par les parents à celles des professeurs.

Lorsque c'est le professeur qui se plaint de l'hyperactivité d'un enfant, les parents feront bien de demander l'avis du psychologue scolaire. Ils feront préciser par le professeur quel est le comportement exact de l'enfant tant en classe qu'en récréation, la façon dont se manifeste l'hyperactivité et les occasions qui la provoquent. Les symptômes étant généralement variables, ils peuvent ne pas avoir été observés directement par le clinicien. En cas de désaccord entre les parents et les professeurs, on doit attacher une plus grande valeur aux observations de ceux-ci, plus habitués aux normes appropriées à chaque âge.

Typiquement les symptômes s'aggravent dans les situations requérant de l'application, en classe par exemple. Les signes de ce trouble peuvent manquer en situation duelle avec l'enfant ou lorsque celui-ci est dans une situation nouvelle.

Il faut souligner l'absence fréquente de concordance entre ce que constatent les instituteurs et les parents, et ce que diagnostiquent les médecins. Un exemple : lors d'une enquête menée par Rutter, sur l'Ile de Wight sur 2199 enfants âgés de 10 à 11 ans, on recensera 8 % d'enfants hyperactifs à partir des seuls rapports d'instituteurs, alors que les consultants menant l'enquête ne portent le diagnostic que chez 2 enfants. Le diagnostic serait porté, dans les consultations spécialisées, de 10 à 20 fois plus souvent aux États-Unis qu'en Grande-Bretagne.

Des questionnaires d'évaluation comprenant de nombreux items ont été établis pour différents âges afin de rendre aussi objectif que faire se peut le diagnostic d'hyperactivité qui, autrement, risque d'être essentiellement fonction de la **subjectivité** et de la **tolérance** de l'observateur. De tels questionnaires sont distribués aux parents et aux professeurs. La confrontation des réponses ainsi données est significative. On peut reprocher à ces questionnaires d'être systématiques et sans nuances : ils ne permettent pas de faire un diagnostic, se contentant de décrire un comportement. Il faut se méfier des diagnostics basés uniquement sur ce que l'on apprend des questionnaires. Ces réserves faites, ils ne sont pas sans intérêt.

L'Échelle d'Évaluation la plus connue est celle de Conners (cf. en annexes *Questionnaire de Conners* pour évaluer le déficit d'attention-syndrome hyperkinétique, d'après Kinsbourne et Caplan, 1979).

IV. Critères diagnostiques

Plusieurs symptômes s'associent de diverses façons pour définir l'hyperactivité de l'enfant. Les critères diagnostiques sont tels que l'enfant manifeste des signes d'**inattention**, d'**impulsivité** et d'**hyperactivité** inappropriés, compte tenu du développement correspondant à son âge. D'après le *Manuel Diagnostique et Statistique des Troubles Mentaux*, élaboré par l'Association Américaine de Psychiatrie, le début se situe avant l'âge de sept ans et pour porter ce diagnostic la durée des manifestations doit être d'au moins six mois : les trois symptômes majeurs sont donc : l'inattention, l'impulsivité et l'hyperactivité.

Les troubles constatés ne doivent pas faire partie d'un tableau de schizophrénie, d'un trouble affectif ou d'un retard mental grave ou profond.

Ainsi que nous l'avons dit, la priorité de ces symptômes varie d'une édition à l'autre de ce *Manuel*. Dans les premières éditions, l'accent est mis sur le déficit de l'attention, sur l'impulsivité, l'un et l'autre de ces symptômes faisant le lit de l'hyperactivité. Dans cette perspective, l'hyperactivité n'était donc pas nécessairement un facteur essentiel.

Dans une telle perspective il apparaissait que l'hyperactivité était relativement rare, ce qui ne correspond pas aux faits. Ce qui plus est, de tels enfants sont hyperactifs même durant leur sommeil, ce qui permet de penser que cette hyperactivité n'est pas le fait d'une difficulté d'attention de base. Aussi, dans la forme révisée du DSM III-R, le trouble de l'attention passe au second plan et se situe dans la catégorie des troubles se caractérisant par un comportement socialement perturbateur et qui, souvent, affecte plus l'entourage que le sujet lui-même.

Une sous-catégorie se détache comprenant l'hyperactivité associée au déficit de l'attention, un trouble oppositionnel avec provocation et un trouble des conduites, tous ces troubles étant étroitement corrélés.

La description clinique de l'enfant instable est faite et par les parents et par les éducateurs et, enfin, par le pédo-psychiatre lors de la consultation. Il serait souhaitable d'avoir recours, comme nous l'avons dit, à des questionnaires et à des échelles standardisées qui permettent d'évaluer les symptômes, de façon plus objective, et d'en suivre l'évolution. En effet, le comportement de l'enfant est éminemment variable d'un instant à l'autre et suivant les circonstances : tel sera perturbé et perturbateur à l'école, et supportable dans sa famille et vice versa, tel arrivera à se contenir à l'occasion de l'examen médical ; aussi est-il indispensable de recueillir l'opinion de tous ceux qui en ont la charge dans ses différents lieux de vie.

La forme habituelle comporte un ensemble de manifestations dont la principale est l'**hyperactivité**. L'enfant remue sans cesse, il ne peut rester en place, manipule tout ce qui lui tombe sous la main, il est incapable d'organiser des jeux structurés, n'ébauche que des relations fugitives avec autrui, laisse un vaste désordre sur son passage. Tout ceci peut s'observer à un moindre degré chez nombre d'enfants parfaitement normaux. Mais, ici, l'aspect le plus pathologique est l'absence quasi absolue de but précis de dessein spécifique et ordonné de ses gestes et de ses actions, donnant ainsi une impression d'**anarchie** et de **totale désorganisation**.

Dès le premier contact clinique, cette hyperactivité se fait jour, même si pendant quelques instants, l'enfant a pu se contenir, confronté qu'il est à un interlocuteur qui lui prête toute son attention. Néanmoins, certains sont capables de se maîtriser lors de cet examen qui doit alors se prolonger, l'enfant étant observé dans diverses situations, ce qui peut nécessiter une ou plusieurs journées passées dans un établissement de soins durant lesquelles il sera mêlé à d'autres. Paradoxalement l'on remarquera une grande lenteur dans les gestes demandant une certaine dextérité, dont il est incapable du fait de sa motricité désordonnée et quasi explosive.

L'instabilité psychique qui accompagne cette instabilité psychomotrice, bien qualifiée de **prurit moteur**, est marquée par l'incapacité à fixer l'attention : hyperprosexique faisant trop attention à tout ou aprosexique ne faisant attention à rien. Tout est entrepris mais rien n'est jamais terminé. Le moindre stimulus extérieur distrait, l'incapacité de différer les réponses aux stimulations, de supporter la frustration amène ces enfants, à l'école, à répondre aussitôt que la question du maître est posée, ou à répondre pour les autres sans attendre leur tour.

Ce déficit de l'attention entraîne donc une distractibilité exagérée. Se maintenir à une tâche ou à un jeu est souvent impossible. La grande **impulsivité** observée chez ces enfants traduit leur incapacité à se concentrer sur une tâche. Ils répondent systématiquement avant leur tour, interrompent continuellement les conversations. Ils ne peuvent pas rester en place, touchent à tous les objets, jouent sans cesse avec ce qui passe à leur portée.

Le total des activités motrices n'est pas, pourtant, beaucoup plus élevé que celui de l'enfant normal. Elles sont surtout incessantes et ne respectent pas les limites sociales : repas, heures du coucher, travail. scolaire.

De tels enfants ont les plus grandes difficultés à s'abstraire lorsque d'autres stimuli les sollicitent, par exemple lorsque leur voisin de classe se remue à leur côté.

Cependant il est difficile de faire la part de ce qui revient au défaut d'attention et à l'impulsivité, ce défaut d'attention autrement dit, cette « distractibilité » peut être dû à leur difficulté de s'isoler mentalement des excitations extérieures mais aussi d'une inhibition défaillante. Cette hyperactivité est brouillonne et désorganisée, l'enfant saute d'une occupation à l'autre de façon tout à fait inadaptée et parfaitement incongrue, par exemple il ne fera pas de différence entre ce qui est acceptable sur le terrain de jeux mais ne l'est pas en classe.

Pendant de courts instants, en classe, l'enfant peut rester assis, écouter ce que dit le professeur alors que, quelques instants plus tard, un événement minime peut le distraire et le mettre en mouvement.

Les deux versants psychologique et moteur de l'instabilité ne sont pas forcément liés et de même importance. Certains enfants bougent beaucoup, ne tiennent pas assis pendant le repas ni en classe et, cependant, il leur arrive comme aux autres de se concentrer de façon efficace pour certaines tâches. De même peuvent intervenir les périodes d'instabilité transitoire réactionnelles : un événement actuel bouleverse la vie de l'enfant qui traduit ce désarroi par ce désordre.

Les enfants hyperactifs ont des difficultés de concentration. Ils ne peuvent guère accomplir une tâche répétitive et monotone et laissent leur esprit vagabonder sans pouvoir suivre le discours du maître.

Ils sont extrêmement agités, ne contrôlent pas leurs mouvements lorsqu'il leur est demandé de se tenir tranquilles. Ils ne maîtrisent pas leurs émotions et réagissent avec vivacité.

Bien que connaissant et comprenant les règles qui leur sont imposées, leur besoin d'agir les submerge. Ainsi sont-ils indisciplinés, souvent réprimandés. Ils ne sont pas capables de prendre en compte ce qui leur a été reproché et répètent indéfiniment ce pourquoi ils ont été punis. Contrairement à ce que l'on pourrait penser *a priori*, il ne s'agit pas à proprement parler de désobéissance mais d'une **véritable incapacité à se contrôler**.

Le passage à l'acte court-circuitant la pensée, incapables de toute anticipation, des promesses à long terme sont sans effet et toute récompense doit être donnée aussitôt.

Si l'acte ne permet pas la réalisation immédiate du désir, le monde est perçu comme hostile, résistant à ce qui est espéré. Il s'ensuit un sentiment d'impuissance et d'hostilité. Dans les cas extrêmes ils paraissent n'éprouver ni culpabilité, ni honte comme si leurs conduites étaient justifiées, inéluctables. Aussi a-t-on pu au siècle dernier les traiter d'enfants inintimidables, inamendables, voire de pervers. Ils semblent indifférents aux conséquences néfastes de leur conduite tant pour les autres que pour eux-mêmes, comme vivant dans le seul instant présent. Les interdits ne les arrêtent pas, les poussant au contraire à la transgression comme s'ils ne craignaient pas l'autorité, comme s'ils n'avaient pas « peur du gendarme ». Ils sont grossiers, certains enfants usent de termes scatologiques assortis de gestes obscènes. Ils n'obéissent pas, s'opposent systématiquement. Ils sont violents, cassent et détruisent, fascinés par le feu et le danger. Ils provoquent des bagarres, sont brutaux avec leurs adversaires et semblent aussi chercher les coups. Ils sont parfois dangereux, ne préservent pas plus les autres qu'eux-mêmes.

Cette hyperactivité est particulièrement manifeste durant les tâches demandant une certaine concentration alors que, en récréation, sur le terrain de jeux, ils ne peuvent guère être distingués de leurs camarades, mais, volontiers bagarreurs, envahissants, chahuteurs, ils sont souvent impopulaires et rejetés par ceux-ci, bientôt excédés par leurs incartades, **incapables** qu'ils sont de **respecter les règles**, alors que l'écolier ordinaire est capable de se concentrer pendant les cours mais « saute du banc de la classe pour se jeter avec fougue dans le brouhaha batailleur de la récréation » (Martin du Gard).

A la maison ils sont en butte aux critiques de leurs frères et sœurs qu'ils agacent et auxquels on les compare fréquemment et ce, évidemment, à leur désavantage. Les parents excédés se plaignent de cette instabilité et de leur impossibilité d'accepter toute discipline et peuvent réagir de façon inadéquate et maladroite, soit par un excès de reproches et de gronderies, soit par une démission et un laxisme total.

Isolé, l'enfant hyperactif tourbillonne et ne gêne personne. La tolérance de l'environnement, tant familial que scolaire, est décisive. En fonction de celle-ci les troubles s'exacerbent ou s'atténuent mais, force est de reconnaître, que de tels enfants sont insupportables au sens strict du terme. Certains enfants hyperactifs sont parfaitement conscients de leurs difficultés, ils souffrent de leur isolement, car ils ont du mal à se faire des copains et leurs échecs les dépriment. D'autres inconscients, n'en paraissent pas affectés.

Le monde des adultes n'est pas fait pour l'instable psychomoteur. Le monde de l'instable ne supporte ni l'ordre, ni la continuité du monde adulte. Il se déplace dans un monde fixe alors qu'il est tout mouvement dans son propre monde distordu par rapport à la continuité du monde ordonné. Ces **enfants difficiles à supporter** se sentiront souvent agressés par l'environnement. L'instable psychomoteur est happé par tous les stimuli extérieurs et, incapable d'inhiber son besoin d'éparpillement, son attention est labile, il se fixe tantôt sur un détail, tantôt sur l'ensemble sans en faire l'analyse et l'activité ordonnée le fatigue.

Mais bien que l'enfant puisse être vif et curieux, les difficultés à se concentrer et la fatigabilité qui s'en suit font que l'efficience, tant motrice que scolaire, est médiocre.

L'on peut penser que ces difficultés d'apprentissage scolaire ne sont pas le fait de l'inattention mais bien d'un défaut d'équipement de base, sans doute d'origine constitutionnelle. Un tiers des enfants ayant un tel handicap serait hyperactif de surcroît. Il n'en faut pas conclure que la majorité de ces enfants ait aussi des difficultés d'apprentissage. Une telle relation n'est pas évidente et l'on peut penser qu'hyperactivité et troubles de l'apprentissage sont indépendants l'un de l'autre encore que souvent en corrélation.

Bien que dans l'ensemble les résultats scolaires de ces enfants soient statistiquement inférieurs à ceux d'une population de référence, leurs capacités sont égales à celles des enfants normaux. Néanmoins nombreux sont ceux qui n'ont pu poursuivre des études de haut niveau.

L'enfant très brillant peut cependant bien réussir scolairement et obtenir de bonnes notes dans la mesure où il attrape au vol les questions qui lui sont posées et y répond de façon satisfaisante. Car le fait d'être inattentif ne signifie pas que l'on soit incapable d'apprendre. Pour peu qu'intéressé, l'enfant se concentre, ne serait-ce qu'un bref instant, sur la tâche qui lui est demandée, il en viendra à bout très aisément. Certaines recherches ont montré que 40 à 80 % des enfants hyperactifs auraient des difficultés d'apprentissage de la lecture. En effet, une attitude d'opposition active à type de turbulence, peut en être la cause.

1) Examen médical

Tout enfant hyperactif devrait passer un examen médical et médico-psychologique. Celui-ci peut être suscité par la démarche d'un parent se plaignant du comportement de l'enfant et/ou de ses mauvaises performances scolaires, de ses renvois successifs de divers établissements. Les professeurs ne supportent plus, malgré tous leurs efforts de compréhension, l'agitation qui perturbe les autres élèves, les devoirs bâclés, l'absentéisme sans excuses.

L'examen médical devra dépister les causes médicales pouvant éventuellement être à l'origine de cette agitation, tels une **oxyurose**, un **hyperthyroïdisme**, une **chorée** à ses débuts.

Le médecin devra être tenu au courant des mesures thérapeutiques instituées. Il doit savoir quels médicaments ont été prescrits, ceci est essentiel pour éliminer une cause éventuellement iatrogène : vitamine C, caféine, barbituriques. Contrairement à ce qui a été dit, les régimes alimentaires, le sucre, les additifs et les colorants n'auraient pas d'action nocive.

L'examen ne doit pas servir à confirmer ou infirmer une impression d'hyperactivité provenant de la description du comportement. Le comportement de l'enfant durant l'entrevue n'est pas nécessairement significatif. Il y a des enfants hyperactifs qui déploient leur hyperactivité d'une façon évidente, alors que d'autres se comportent d'une façon non significative dans cette situation qui est nouvelle et anxiogène pour eux, et le clinicien ne doit pas se fier à ce seul examen. Le diagnostic se base sur la description du comportement par les parents, les professeurs, l'entourage.

2) Examen neurologique

L'examen neurologique est normal, ou ne met en évidence des signes mineurs que dans 5 % des cas environ. Certains traduisent l'immaturité motrice, d'autres l'incoordination sensori-motrice. Ces signes neurologiques sont observés lors de l'examen de beaucoup d'enfants non hyperkinétiques, aussi cet examen doit tenir compte du fait qu'il s'adresse à un système nerveux en pleine évolution.

Un **bilan psychomoteur** étudiera le contrôle postural, l'équilibre statique, l'équilibre dynamique, les coordinations, les syncinésies, la latéralité, le tonus et la relaxation, l'écriture, le graphisme, la structuration temporo-spatiale. A vrai dire si de discrètes anomalies peuvent être décelées au cours d'un tel examen, celles-ci ne sont pas spécifiques. Néanmoins elles peuvent faire l'objet d'une **rééducation** qui aura, en outre, le mérite de montrer aux parents que les difficultés de leur enfant ne sont pas le fait d'une mauvaise volonté de sa part et qu'il a besoin d'être aidé. Cette perspective les aidera à se montrer plus compréhensifs, moins punisseurs en mettant l'accent sur les besoins qu'a l'enfant de se structurer et de se stabiliser.

L'immaturité motrice se traduit par une **maladresse** entravant l'exécution des gestes fins, le dessin, l'écriture, l'habillage et l'apprentissage des automatismes gestuels : syncinésie et paratonie excessives pour l'âge. L'incoordination sensori-motrice se traduit par :

- des mouvements involontaires d'allure athétosique ou plus souvent des dyskinésies dans environ un cas sur trois contre 3 % dans la population générale d'enfants du même âge,
- des mouvements choréiformes survenant au repos, présents aux extrémités surtout des membres supérieurs mais aussi des racines,
- la mauvaise coordination motrice ou le déficit de la motricité fine,

– les difficultés d'organisation temporo-spatiale ou gnoso-praxique,
– la perturbation de la représentation du schéma corporel,
– les réflexes vifs.

L'instabilité psychomotrice s'exprime par une dualité symptomatique, aspect moteur se traduisant par :
– le retard d'apparition des diverses fonctions motrices,
– l'exubérance musculaire, mouvements perpétuels, inaptitude de la contention motrice, tics,
– le syndrome de débilité motrice de Dupré : persistance après trois ans de la paratonie, la conservation des attitudes et syncinésie bilatérale de l'hypotonie musculaire.

L'étude du tonus a permis à certains de distinguer des instabilités avec fond permanent de contracture ou de tension, où l'instabilité apparaît comme échappée par rapport à cet état de contrôle, et les instabilités où le bilan tonique paraît normal mais où, en revanche, existent de nombreux signes d'une émotivité envahissante, voire chaotique : regard inquiet, sursaut important à la moindre surprise, moiteur des mains, poussée vaso-motrice du visage. Ces enfants ont l'air d'être dans un état permanent d'**hypervigilance anxieuse** comme si l'environnement était à chaque instant susceptible d'être dangereux ou défaillant.

La distinction entre « signes doux » et « signes durs », que certains auteurs ont proposée, est artificielle et dépend surtout du point de vue de l'examinateur. Il existe aussi probablement des variations de nature constitutionnelle dont la capacité à tolérer les frustrations. Il existe chez chacun des différences quantitatives et qualitatives de mouvements selon le cadre dans lequel ils se développent.

Les signes « doux » sont :
– les syncinésies, c'est-à-dire des mouvements diffusant à des groupes musculaires normalement non concernés par un geste précis, notamment en miroir. Ce n'est pas chez l'enfant un signe lésionnel (donc « dur ») : les syncinésies persistent normalement jusqu'à 8-10 ans voire au-delà,
– la paratonie, c'est-à-dire l'impossibilité de relâchement, qui, elle, est fonction de l'appréhension qu'éprouve le sujet. La mise sous

tension des muscles est un des aspects de la vigilance anxieuse, un état normal approprié à une situation anticipée.

Dans près de 50 à 70 % des cas les enfants hyperactifs auraient des **troubles du langage**, ce qui pourrait être en rapport avec l'atteinte cérébrale minimale si souvent invoquée. L'association des troubles du langage et d'une hyperactivité ne doit pas être négligée. Les enfants **hypoacousiques** sont souvent inattentifs et agités. Si cette hypoacousie est tôt décelée et traitée, les troubles du comportement s'améliorent.

Certains auteurs disent qu'un enfant hyperactif peut avoir des difficultés pour passer des stimulations tactiles aux stimulations verbales et visuelles. Le langage une fois acquis, les mots remplacent le tact. L'on a remarqué que certains enfants hyperactifs d'âge scolaire continuent à renifler et à tripoter les objets, façon d'augmenter l'impact sensoriel.

3) Explorations biologiques

Les explorations biologiques comprennent :
- **l'électroencéphalogramme** ne met en évidence que des anomalies minimes et nullement pathognomoniques : immaturité de l'électrogenèse cérébrale, augmentation des rythmes lents, asymétries d'amplitude variable,
- les **potentiels évoqués visuels et auditifs** indiquent un bas niveau d'éveil cortical avec un temps de latence plus prolongé et une amplitude plus basse que ceux des sujets normaux, ce qui traduirait un certain degré d'inertie fonctionnelle synaptique au niveau sous cortical.

Parmi les méthodes de mesure du niveau de l'activité et de l'attention, l'actomètre qui permet un enregistrement continu des mouvements corporels n'est pas d'un usage courant.

Souvent l'enfant hyperactif est considéré par certains professeurs comme moins intelligent que les enfants du même âge. Certes, certains enfants débiles sont de surcroît hyperactifs mais la plupart de ceux-ci ont un bon niveau mental, certains mêmes sont particulièrement brillants. Du fait de cette instabilité extrême les **tests de niveau** sont souvent faussés dans la mesure où l'enfant n'a pas écouté la question qui lui est posée, répond à côté car il pense à autre chose ou quitte sans vergogne le bureau du psychologue.

Le niveau mental n'est pas toujours facile à explorer, les réponses aux tests sont très dispersées. Les enfants très intelligents, conscients de leurs difficultés, se maîtrisent mieux que ceux de moindre intelligence. Néanmoins leurs résultats scolaires se ressentent de leur agitation. Nous avons eu personnellement à connaître un garçon particulièrement brillant qui tout au long de sa scolarité n'a jamais pu obtenir le tableau d'honneur car dans les premiers pour toutes les matières, son indiscipline faisait chuter ses notes.

D'une façon générale 20 à 30 % des enfants hyperactifs ont des résultats scolaires inférieurs à ce que leurs capacités intellectuelles devraient leur assurer.

Dans le cas des enfants hyperactifs, le niveau de leurs facultés intellectuelles ainsi que les connaissances acquises à l'école, sont souvent mises en doute. Le **test d'intelligence** (ordinairement une des échelles de Wechsler) est très utile, et l'on devrait administrer un ou plusieurs tests pour évaluer le rendement. Il faut noter cependant que la performance de l'enfant peut être très inégale et peut en plus varier d'un test à l'autre. En général les résultats obtenus devraient être considérés comme représentant le minimum de la capacité et de la connaissance de l'enfant, envisageant ainsi la possibilité que si l'enfant avait été plus attentif à la tâche il aurait obtenu de meilleurs résultats.

Il existe chez de tels enfants une discordance entre le niveau verbal et le niveau de leurs performances, le premier étant souvent plus élevé. C'est toujours à un niveau inférieur à son potentiel réel que l'enfant fonctionne.

Dans l'ensemble l'instable psychomoteur réussit souvent les tests qui demandent une grosse dépense d'énergie de courte durée, alors qu'il échoue dans les tests qui exigent coordination précision, rapidité dans les mouvements, c'est-à-dire dans tout ce qui exige un effort d'inhibition et d'organisation.

Les **tests des échelles de comportement** sont très largement utilisés Outre-Atlantique. Elles se présentent sous forme de questionnaires remis aux parents et aux enseignants qui doivent noter des items portant notamment sur les troubles de la conduite, les problèmes d'apprentissage, les plaintes somatiques, l'impulsivité, l'hyperactivité et l'anxiété. D'autres questionnaires concernent les situations propres à engendrer l'instabilité. Ainsi du questionnaire de Conners pour les parents, du questionnaire de Conners pour les enseignants, du questionnaire de situation à la maison (Barkley), du questionnaire de situation à l'école (Barkley). Cette quantification des troubles permet d'en apprécier l'évolution mais ne prend en compte que le comportement manifeste et néglige l'implication souvent décisive de l'entourage.

Les **tests perceptivo-moteurs** dont le plus connu est la figure complexe de Rey font apparaître des perturbations marquées de leurs connaissances, de la mémoire et de la reproduction des formes graphiques.

Des **tests d'impulsivité** tels celui de Kagan et de Porteus peuvent être utiles pour cerner les troubles.

Si l'enfant a un comportement extravagant, s'il est déprimé ou s'il est entraîné dans une dynamique familiale déséquilibrée, les tests de personnalité peuvent révéler les sentiments de l'enfant, ses angoisses, ses fantasmes et donner d'utiles renseignements à ce propos.

Les épreuves projectives de personnalité confirment l'immaturité affective et les tendances agressives de ces enfants, mettant l'accent sur la structuration d'une image de soi dévalorisée et angoissante, témoignant des expériences répétées de frustration et d'échec. La fantasmatisation de ces sujets est pauvre ou, au contraire, riche en thèmes agressifs. Ces éléments sont le reflet du rejet par les parents et la société de l'enfant hyperactif.

4) Examen psychiatrique de l'enfant

D'aucuns, à juste titre, préconisent une journée d'observation qui permettra de se rendre compte du comportement de l'enfant durant les repas, la sieste, les jeux tant individuels que collectifs. Il est important de recueillir tous renseignements sur ses antécédents, sur son développement psychomoteur, sur les circonstances qui exacerbent les symptômes, sur la façon dont la famille y réagit. Il convient de s'informer de la qualité du climat familial et de son fonctionnement. Si celui-ci est chaotique, source de conflits, de bruits et de fureur, les troubles de l'hyperactif en seront majorés.

Durant un tel colloque, l'enfant peut se montrer parfaitement calme et coopérant car dans ces conditions il peut pour un temps se modérer sans que l'on puisse pour autant récuser le diagnostic d'hyperactivité.

Cette entrevue à bâtons rompus permettra au médecin de se faire une idée plus claire des circonstances induisant ce comportement, sur la façon dont l'enfant se situe par rapport à son entourage familial et scolaire.

L'écouter avec bienveillance et sans émettre de jugement de valeur permettra de comprendre quelles peuvent être ses frustrations, un éventuel désenchantement, une tristesse, une sous-estimation de lui-même. Il importe de savoir s'il reconnaît ses difficultés, comment il les explique et comment il en vient à bout, s'il a tendance à faire le pitre, à avoir une attitude de surcompensation, ou au contraire de retrait. Si possible, un entretien avec les professeurs s'avérera fort utile, parallèlement à ce que disent les parents ceux-ci sont particulièrement aptes et sans doute plus objectifs que ces derniers à reconnaître les effets des différentes thérapeutiques proposées. Ce qui plus est, il est important que les enseignants qui ont fort à faire avec cet élève, dur à supporter, se sentent soutenus et compris par la famille.

D'aucuns recommandent l'observation de l'enfant par le pédo-psychiatre dans une salle de jeu. En effet, l'instabilité, la « distractibilité », l'agressivité, se manifestent particulièrement au cours des activités de groupe, tant à l'école qu'à la maison. Aussi est-il judicieux de recréer ainsi un cadre familier. Au cours d'une consultation classique les troubles risquent de ne pas apparaître. On notera la façon dont l'enfant se comporte vis-à-vis d'autres enfants, de ses parents et vice-versa. La durée de cet examen doit être suffisamment longue. La séparation de la salle de jeu par une glace sans tain permettra d'observer l'enfant sans qu'il le sache, ce qui lui assure une plus grande liberté. En colloque singulier, on appréciera la qualité du discours, souvent significative : flot de questions ininterrompues, se succédant sans attendre de réponses et sans logique, volubilité. Une telle évaluation devra être renouvelée autant que nécessaire.

CHAPITRE IV

RÉACTIONS DE L'ENVIRONNEMENT

Vivre avec un enfant hyperactif est exaspérant, épuisant, mettant à rude épreuve la patience et la tranquillité de l'entourage familial. Aussi les enfants hyperactifs jouent-ils un rôle catalyseur dans les conflits familiaux qu'ils provoquent et exacerbent. Ils sont pomme de discorde.

L'impact que l'enfant hyperactif a sur sa famille ne peut être sous-estimé. Il peut, dans certains cas extrêmes, véritablement la détruire. Ne pouvant pas se conformer à ce que ses parents attendent de lui, les conflits sont fréquents auxquels participent frères et sœurs. Il s'ensuit dissension entre les parents qui s'accusent mutuellement d'incompétence n'étant pas d'accord sur les stratégies et les techniques à utiliser. Les mères sont généralement les plus concernées. Ce sont elles qui préparent l'enfant pour aller à l'école, l'y conduisent, le ramènent, le trajet ne se fait pas sans risques. Tout en poursuivant leur vie active et domestique, elles l'aident dans son travail et s'occupent de leurs autres enfants. Elles se montrent facilement épuisées ou à bout de nerfs en fin de journée. Les pères se tiennent habituellement plus à distance et ont moins l'occasion de s'énerver, aussi n'est-il pas étonnant que ce soient les mères qui, le plus souvent, se plaignent. Il n'est pas rare que leurs compagnons les disent responsables des incartades de l'enfant vis-à-vis duquel elles ne se montrent pas suffisamment sévères. De leur côté, celles-ci reprochent à leur compagnon sa désinvolture et son irresponsabilité. Ordinairement, les enfants hyperactifs répondent plus facilement à leur père qu'à leur mère. Trop souvent, seules les mères viennent consulter.

Bien que cet adage de Molière, au gré des temps, ait quelque peu perdu de sa pertinence : « Du côté de la barbe est la toute puissance » ; dans notre société, l'homme reste encore revêtu de plus d'autorité que son épouse. En général, les pères punissent plus volontiers, s'engagent moins dans de longues discussions, sont parfois plus sévères et en conséquence, mieux obéis, encore que les exceptions soient en l'occurrence fort nombreuses. Tant que les parents ne se mettent pas d'accord sur la conduite à tenir, il est quasi impossible d'obtenir de bons résultats. Il est essentiel qu'ils réalisent combien leur bonne entente est nécessaire. Les frères et sœurs de l'enfant hyperactif s'aperçoivent très rapidement que leurs parents n'ont pas, vis-à-vis d'eux, le même comportement qu'ils ont vis-à-vis de ce dernier. Ils réagissent de diverses façons. Certains n'acceptent pas cette différence de traitement : être puni lorsque l'autre ne l'est pas pour un même méfait, n'être pas récompensé alors que l'autre l'a été... On pourrait, à l'envie, multiplier les exemples. Ils peuvent devenir jaloux et agressifs ou bien avoir quelqu'intérêt à ce que le sus-nommé soit maintenu dans son rôle et devienne un bouc émissaire tout trouvé.

Aussi faut-il compenser ces différences éducatives et en expliquer les raisons. La situation peut devenir tellement intolérable que les parents, n'en pouvant plus, envoient l'enfant en pension, ce qui n'arrange rien car l'enfant en est bientôt renvoyé et qu'il a ressenti cette décision comme un rejet dont il ne peut pas ne pas souffrir.

L'envahissement par cet enfant est tel qu'il empiète sur toutes les activités du groupe familial qui est entièrement à sa merci. Tout ceci demande, bien entendu, à être nuancé et chaque cas est un cas particulier. Il ne faudrait pas généraliser.

Lorsque les parents prennent conscience que leur enfant est hyperactif, ils peuvent réagir de deux façons extrêmes : ou bien ils pensent être tout à fait normaux et que leur enfant est « taré » ou bien ils pensent qu'ils sont responsables de ses difficultés. Ils réagissent alors, soit avec **agressivité**, soit avec une **permissivité excessive**. Il n'est pas rare que les grands parents viennent mettre leur grain de sel, ce qui ne fait qu'aviver le débat. En effet, ceux-ci peuvent n'avoir pas réalisé l'ampleur des troubles de leur petit enfant hyperactif, dans la mesure où ils ne le voient qu'épisodiquement durant les périodes de vacances où il se montre plus calme. Aussi ont-ils tendance, au nom de leur propre expérience, à accuser les parents d'incompétence.

Les parents peuvent mettre un certain temps à comprendre ce que signifie cette hyperactivité. En effet, puisque l'enfant peut faire attention lorsqu'il est motivé et se tenir tranquille quand un avantage lui est offert, ils en concluent qu'il suffit de le punir ou de le récompenser pour qu'il se comporte convenablement. Ils considèrent qu'il s'agit de sa part de mauvaise volonté plutôt que d'incompétence et, les punitions vont pleuvoir, ce qui ne fait qu'aggraver la situation et entraîner des difficultés supplémentaires. **Ce serait une erreur grossière de penser que cet enfant le fait exprès et qu'il est méchant.**

Parfois les parents rendent les autres responsables de l'hyperactivité de leur enfant et accusent les frères et sœurs, les copains, les professeurs. Ils s'ingénient alors à le défendre, le surprotègent, car ils ne comprennent pas que c'est bien le comportement débridé de l'enfant qui explique les réactions de l'entourage.

Ici intervient un facteur essentiel. L'agitation doit être appréciée en fonction du degré de tolérance de l'entourage et des possibilités offertes à l'enfant pour qu'il puisse satisfaire ses besoins légitimes. Certains parents, trop exigeants, n'acceptent pas ce qui n'est en fait que l'expression normale de l'élan vital mais qui peut, si les interdictions et les sanctions se multiplient, se structurer. Tout ce que représente pour l'enfant une difficulté à se constituer un univers stable et cohérent pourrait être à l'origine de cette agitation.

Les facteurs sont multiples, ils ont tous en commun le fait qu'ils sont générateurs d'insécurité et par là même d'angoisse ; citons, entre autres, le changement fréquent de cadre de vie, les placements, les hospitalisations itératives, la dissociation familiale, l'anxiété maternelle, les incohérences éducatives, les difficultés d'adaptation à la vie scolaire liées, soit à de mauvaises relations avec l'enseignant, soit avec des handicaps comme la dyslexie, la dysorthographie, les difficultés graphiques, les troubles de la latéralisation. Ainsi des enfants peu doués, les petits débiles, souvent en situation d'échec, qui réagissent par une attitude de désintérêt et de fuite, à l'opposé, également, les enfants surdoués dont l'attention aisément se dissipe.

Insécurité et anxiété se traduisent par un état de tension qui va se résoudre en décharges motrices : libérations de l'angoisse. L'enfant ne verbalise pas, il agit, et se réfugie dans l'agitation. Cette angoisse peut témoigner de graves perturbations affectives, de troubles très précoces de la relation mère-enfant dus, soit à une carence affective, soit à une insuffisance d'équipement de l'enfant. L'agitation illustre cette quête incessante à obtenir les satisfactions qu'il n'a pas eues. On peut en rapprocher les carences d'autorité ou les autorités trop rigides et écrasantes, empêchant l'enfant de s'appuyer sur une autorité rassurante. Quelles que soient les raisons affectives ou sociales causes de l'agitation, les réactions nocives de l'entourage peuvent entraîner une aggravation des troubles. En effet, qu'il s'agisse d'une attitude répressive ou d'une anxiété exagérée, ces réactions vont augmenter le désarroi et l'insécurité. Plus rarement, les troubles sont liés à des exigences qui dépassent les capacités de l'enfant. Si les parents se sentent responsables, ils peuvent adopter des attitudes éducatives incohérentes, se montrer agressifs, cette réaction étant en elle-même perturbatrice.

L'instable se montre opposant à tout ce qui est organisé et, au contraire, suggestible et influençable à tout ce qui est mobile et irrégulier. Son humeur oscille entre gaieté et dépression. L'entourage réagit par l'irritabilité car il se sent concerné, mis en cause et interpellé. Aussi, bien souvent, les instables psychomoteurs subiront-ils les critiques de l'adulte, ils deviendront des mal aimés et, en fin de compte, seront parfois des enfants maltraités.

CHAPITRE V

ÉVOLUTION ET PRONOSTIC

L'hyperactivité est un désordre qui doit être compris dans une perspective prenant en compte le degré de maturité de l'enfant. Les troubles de l'attention, l'émotivité, l'agitation, l'impulsivité, la difficulté de différer les récompenses, ont une action très différente en fonction de l'âge. Il convient d'être extrêmement prudent lorsque l'on est amené à s'interroger sur **l'avenir de l'enfant hyperactif**. Certains verraient leurs difficultés s'améliorer ; leur insertion tant sociale et professionnelle se fera alors de façon parfaitement satisfaisante. A l'extrêmc, d'autres n'arriveraient pas à se stabiliser et risqueraient d'évoluer vers la marginalité et toutes ses conséquences.

Très schématiquement il y a trois possibilités d'évolution :
- l'ensemble des symptômes persiste à l'adolescence ou à l'âge adulte sans changement,
- les symptômes disparaissent spontanément et complètement vers 12-13 ans,
- l'hyperactivité disparaît mais le manque d'attention et l'impulsivité demeurent au-delà de l'adolescence.

L'on a pu croire que l'hyperactivité n'affectait que les enfants d'âge scolaire car c'est à cette période de l'existence qu'elle est sans doute la plus manifeste et la plus perturbante. Certes de nombreux symptômes diminuent d'intensité au moment de l'entrée dans l'adolescence. Toutes ces difficultés peuvent alors s'amender ; certains parviennent à développer des mécanismes de compensation, sont capables de se contrôler mais d'autres échouent et seraient enclins à abuser de drogues ayant un effet sédatif ou de psychostimulants abusivement prescrits, entraînant une certaine euphorie.

Si l'hyperactivité motrice tend à diminuer avec l'âge, nombre d'autres manifestations persistent à l'adolescence et même à l'âge adulte, ce qui peut entraîner des conduites délinquantes et antisociales dans près de 10 % des cas.

Une étude longitudinale poursuivie, sur près de 15 années, en 1986 par Weiss et Hechtmann, a révélé que ces enfants hyperactifs ont eu des difficultés scolaires, qu'ils ont en moyenne redoublé leur classe au moins une fois, plus d'un tiers ont été renvoyés de l'école et la plus grande majorité d'entre eux a un an de retard et a dû renoncer à poursuivre des études supérieures. Ils ont significativement eu plus d'accidents de voiture, été plus souvent appréhendés pour usage de drogues illicites. Cependant, au gré des temps, ces conduites vont en s'amendant, ce qui n'est pas l'avis d'autres auteurs qui se montrent plus pessimistes. Ceux qui parviennent à s'insérer dans une vie professionnelle resteraient toujours quelque peu émotionnellement fragiles, aussi ont-ils un souvenir désenchanté de leur enfance, ils se sentaient rejetés, critiqués, dévalorisés, à moins qu'un adulte, un parent, un professeur, les aient aidés et soutenus, ayant compris leurs difficultés, et leur aient donné confiance en eux.

Nombre d'enfants hyperactifs, devenus adolescents, ont des comportements anti-sociaux : ils ont souvent été, dès leur prime enfance, victimes de ruptures déchirantes, les repères parentaux sont flous, les pères souvent absents ou multiples, parfois violents, les mères anxieuses, démissionnaires (ils ont une nette propension à l'abus de tabac, d'alcool et de drogues).

Dans certains cas des manifestations persistent tout au long de la vie adulte : oppositions, provocations, et troubles des conduites apparaissent en général plus tard.

Il apparaît qu'approximativement un tiers de ces enfants est toujours plus ou moins perturbé à l'âge adulte. Les éléments suivants sont de mauvais pronostics : hyperactivité associée à des troubles des conduites, Q.I. faible, troubles mentaux graves chez les parents.

Les difficultés résiduelles se caractérisent alors par une impulsivité persistante, une tendance à prendre des risques, l'impatience, l'irritabilité, des conduites explosives, l'incapacité de suivre et de poursuivre un plan et de l'exécuter, des difficultés relationnelles et la difficulté d'avoir une vie familiale et professionnelle satisfaisante.

G. Weiss a étudié le devenir de 75 enfants hyperkinétiques appariés à 44 témoins, suivis pendant 10 à 12 ans et ce jusqu'à l'âge de 17 à 24 ans. Aucun n'avait été traité par des psychostimulants.

Les principaux facteurs distinctifs, par rapport aux témoins, sont les suivants :

- plus grande fréquence des déménagements et moindre cohabitation avec les parents,
- accidents de la circulation en plus grand nombre (ce que contredit une autre enquête). Bien que de nombreuses observations fassent état de la fréquence des accidents dont ont été victimes certains enfants hyperactifs, au plan statistique il n'existe pas de relation entre l'hyperactivité et le taux d'accidents infantiles,
- scolarité plus brève avec doublements et exclusions. Plus tard, lors de l'apprentissage du choix d'un métier, l'instabilité persiste et devient nuisible car elle aboutit à rejeter l'adolescent vers les professions sans qualification.

Les difficultés actuelles d'insertion, facteurs d'exclusion, augmentent ces risques.

Maints adolescents instables manquent de motivations. Le principe du réel est, chez eux, supplanté par le **principe du plaisir immédiat**. Ainsi que l'écrit Koupernik, c'est l'instabilité qui fournit un grand nombre d'ouvriers médiocres et ceux-ci, insatisfaits de leur sort, dans la mesure où leur travail ne les intéresse pas, et, ou il est peu gratifiant, vont grossir la masse de cette main-d'œuvre mouvante sans insertion véritable ni professionnelle, ni humaine, et qui paie certainement un lourd tribut à l'alcoolisme et à la délinquance. Cependant il est probable que l'on trouve encore à cet échelon du travail professionnel un certain nombre de sujets qui ont gardé les côtés positifs de l'instabilité, c'est-à-dire finalement une certaine disponibilité, une légèreté, une rapidité qui leur permet au contraire d'exceller dans certaines professions, requérant rapidité et immédiateté.

La persistance de cette instabilité cause certainement des problèmes importants au point de vue social. En effet, de tels sujets auront tendance à entraîner dans le tourbillon de leur agitation d'autres êtres. Ainsi se formeront des foyers instables, faits de mariages précoces, hâtifs, ou de cohabitations, souvent d'ailleurs dus à un « heureux événement ». Mais la venue de l'enfant ne suffit pas pour cimenter ce couple d'adolescents. L'homme aura tendance à revenir à ses anciennes habitudes. D'autres enfants naîtront, négligés, confiés à des nourrices, à des institutions et le cycle recommencera.

Malgré ces réserves il ne faudrait pas être trop pessimiste quant à l'avenir de l'enfant et de l'adolescent hyperactif. Beaucoup accèdent à une insertion sociale et professionnelle satisfaisante, encore que la qualité de leur travail et leur mobilité soit plus importante par rapport à une population de référence.

Les sujets les plus intelligents ont plus de chance de s'adapter mieux à la vie professionnelle. Le niveau socio-économique des familles n'est pas sans influence et il apparaît que les familles, de niveau socio-économique médiocre, ont plus d'enfants atteints que ceux issus de famille de haut niveau.

Bien que **l'agressivité** ne fasse pas partie du syndrome elle s'y associe assez souvent. Aussi est-il important d'en déceler les prémices, dès le jeune âge, pour y remédier autant que faire se peut, car un tel enfant a plus de chances d'avoir des difficultés ultérieures que celui qui n'est qu'hyperactif.

Lorsque les enfants hyperactifs naissent au sein de familles à problèmes, l'évolution s'en ressent. Ces familles ne sont guère aptes à gérer efficacement une telle situation. Si les parents ne sont pas la cause de l'hyperactivité, leur façon d'être peut soit augmenter, soit diminuer l'importance du syndrome.

Ceux de ces enfants, intelligents, peu agressifs, provenant de familles équilibrées, auront une évolution plus favorable que ceux qui sont combatifs, multiplient les échecs scolaires et proviennent de familles à problèmes.

Certes, l'insertion sociale, familiale et professionnelle des enfants hyperactifs, pose problème. Ils restent fragiles et vulnérables. Cependant nombre de ceux-ci finissent par s'en sortir et ce de façon satisfaisante. **L'essentiel est que les parents soient capables d'analyser et le comportement de l'enfant et leurs propres réactions à ce comportement.**

Les résultats d'un traitement médicamenteux sur l'évolution à long terme sont décevants : les enfants traités pendant plusieurs années par la chlorpromazine (Largactil) ou le méthylphénidate (Ritaline) ne sont pas mieux adaptés au bout de 5 ans à l'âge adulte, que ceux qui n'ont reçu aucune thérapeutique médicamenteuse.

Quels que soient les traitements entrepris initialement, l'hyperactivité chez l'enfant et son évolution au long cours posent un important problème de santé mentale. **Une prise en charge prolongée apparaît indispensable**. A ce propos on distingue :
– l'hyperactivité simple,
– l'hyperactivité s'accompagnant de comportements anti-sociaux.

Certes, il existe une relation étroite entre ces deux ordres de troubles. Beaucoup d'auteurs et, en particulier R. Gitelman-Klein, aux États-Unis, font état d'arguments prônant cette séparation : les enfants hyperactifs de la première catégorie appartiennent à des familles moins perturbées et la persistance des troubles ne s'observe que dans 30 % des cas, alors que des enfants, ayant de surcroît des comportements anti-sociaux datant de l'enfance voient ceux-ci se poursuivre de façon à la fois plus sévère et bien plus fréquente, et chez ceux-là les effets de traitement médicamenteux sont décevants.

CHAPITRE VI

DIAGNOSTIC DIFFÉRENTIEL

Nous avons dit que la validité du syndrome, baptisé hyperactivité, avait fait l'objet de nombreuses controverses tant pratiques que théoriques, que néanmoins l'on pouvait accepter l'idée que le comportement de l'enfant hyperactif, parfaitement décrit dans le *Manuel Diagnostique et Statistique des Troubles Mentaux*, correspondait bien à une entité véritable.

Cependant des manifestations de même type s'observent dans de nombreux cas qui ne peuvent être assimilés au syndrome décrit et que nous tenons pour autant de diagnostics différentiels : nombre d'auteurs américains pensent qu'aucun facteur, essentiellement psychologique, n'est à l'origine du syndrome de l'enfant hyperactif et ont tenté vainement jusqu'alors de lui assigner une origine organique rigoureuse, ce contre quoi s'élèvent beaucoup d'auteurs français. Les diagnostics différentiels que nous nous proposons de passer en revue concernent les manifestations hyperactives, s'inscrivant dans des cadres étiologiques bien définis n'incluant pas les enfants hyperkinétiques décrits par le DSM III et suivant.

Dans certains cas, il s'agira d'instables pathologiques, incapables d'apprendre parce que débiles, incapables d'attention parce qu'anxieux.

Dans d'autres cas, il s'agira d'enfants qui sont potentiellement normaux mais que la carence éducative n'a pas préparés à l'attention et à la discipline scolaire ; ces enfants gênent les autres, les contaminent, épuisent le maître et n'apprennent rien. Ainsi se forme un véritable cercle vicieux, leur indiscipline et leurs mauvais résultats scolaires aggravent souvent le conflit familial qui était parfois à l'origine de l'instabilité. Diatkine et Frejaville, à la lecture des publications américaines, remarquent que ce syndrome s'observe principalement dans les milieux défavorisés, ce qui met l'accent sur la dimension sociopathique du syndrome. Ils sont l'objet d'évictions successives et un nouveau facteur d'instabilité vient s'associer au précédent. De tels sujets, qui probablement appartenaient au début au groupe non pathologique des instables, risquent finalement, des années plus tard, de grossir le rang des malades sociaux.

La **frontière entre le normal et le pathologique** est difficile à tracer, elle l'est parfois trop facilement pour dissimuler derrière une hyperactivité les aléas d'une interrelation difficile que l'on préfère occulter, car il est bien souvent difficile pour les parents d'accepter de se mettre en cause.

I. Hyperactivité réactionnelle

L'instabilité peut être due à un état anxieux ou dépressif, bien que la dépression se manifeste le plus souvent par l'isolement, un ralentissement psychomoteur, elle peut entraîner des troubles de cet ordre.

Les enfants anxieux sont souvent agités mais les circonstances qui déclenchent leur agitation diffèrent de celles qui exacerbent le niveau d'activité de l'enfant hyperkinétique.

La cause de cette **anxiété** est variable. Le remords d'un méfait qui, en réalité, n'est pas grave, la conviction intime de ne pas être aimé, celle d'être inférieur, laid et bête.

Dans certains cas, l'anxiété est le fait d'un conflit actuel : séparation des parents, jalousie. Dans d'autres cas, il s'agit d'un conflit ancien, survenu au moment de la préhistoire de la formation de la personnalité. Une attitude hyperprotectrice d'une mère anxieuse, voire même le désir inconscient de rejet que l'enfant perçoit, se traduit par son instabilité, des troubles du sommeil, des difficultés alimentaires.

Ainsi l'instabilité peut être une réponse de l'enfant, confronté à des événements qui bouleversent brutalement son monde relationnel et entrent en résonnance avec certaines difficultés vécues antérieurement. Son hyperactivité de surface est sous tendue par une anxiété, voire un vécu dépressif, qui peuvent être facilement reliés aux circonstances déclenchantes. Entrent également dans ce cadre, les enfants maltraités, les enfants victimes de sévices physiques, instaurant alors un mode de relation à l'autre, marqué par la violence des échanges physiques, violence qu'ils peuvent parfois provoquer.

II. Hyperactivité conditionnée

Chez certains enfants, l'instabilité prend une signification psychopathologique plus nette. Il en va ainsi de certaines conduites provocatrices et dangereuses : l'enfant se mettant sans cesse en situation périlleuse, comme pour se punir lui-même ou se faire punir ; l'instabilité peut, dans ce cas, prendre la signification d'une recherche d'autopunition.

G. Heuyer et Lebovici ont individualisé une instabilité qu'ils qualifient d'instabilité conditionnée. Alors que l'instabilité, dans sa forme habituelle, conditionne l'inadaptation sociale, cette dernière apparaît ici non pas conséquence mais cause de l'instabilité. Ces auteurs distinguent deux éventualités, souvent associées, parce que la première appelle souvent la seconde :

- la première éventualité concerne des conditions familiales défectueuses,
- la seconde vise les changements répétés d'internat et l'hospitalisme.

Une catégorie particulière d'enfants que les conditions de milieu ont fait évoluer vers l'instabilité est représentée par ceux qui, pour des raisons médicales, ont été l'objet d'une immobilisation : ainsi des enfants qu'on a empêchés en bas âge de se gratter, parce qu'ils étaient eczémateux, au moyen de brassières de carton et, d'autres, qui pour des raisons d'infirmité motrice ou de correction d'une luxation de la hanche ont été immobilisés pendant longtemps. Il semble que chez ces enfants se forme une soif irrépressible de mouvements, soif qui essaie de s'étancher quand la liberté leur est rendue.

L'instabilité peut être le fait d'une psychasthénie. L'effort imposé à l'enfant par le déroulement de la pensée psychasthénique avec son indécision, son incapacité à clôturer les actes, ses obsessions, ses scrupules, se traduit en effet soit par une attitude de fatigue, soit par une sorte d'exutoire dans l'instabilité. Les mouvements auxquels elle donne alors lieu et qui sont essentiellement des tics et des rites de conjuration ont une véritable valeur de mécanisme de défense.

III. Hyperactivité des enfants surdoués

Les symptômes les plus souvent rencontrés chez les enfants surdoués sont : l'instabilité et l'échec scolaire paradoxal, cet échec scolaire, dont le risque est évoqué par tous les auteurs, tient tantôt au désintérêt ou à l'inappétence envers les activités scolaires.

Ces enfants aux capacités remarquables ne s'adaptent guère aux rythmes qui leur sont imposés. Souvent ils perturbent le cours de la classe par leur comportement. Bref, ces enfants, au potentiel intellectuel très élevé, se voient relégués aux derniers rangs à cause de leur indiscipline et de leur conduite provocatrice.

IV. Hyperactivité et débilité

Environ 4 % des enfants âgés de moins de 12 ans sont hyperactifs, soit **au moins un dans chaque classe**. Il faut souligner la grande prudence avec laquelle il convient d'interpréter le résultat des tests chez de tels enfants, vite qualifiés de débiles, et qui risquent d'en suivre la destinée s'ils ont été ainsi étiquetés.

Le débile a en règle générale un très faible pouvoir de concentration intellectuelle. Il est souvent instable ainsi que l'avait dit Bourneville dès 1897.

Chez les enfants trisomiques, à partir de 6-7 ans, l'instabilité se fait de plus en plus remarquer qu'elle soit :
- motrice : ne tient pas en place, papillonne, fait des grimaces,
- intellectuelle : activités changeantes, peu de capacités d'attention,
- affective : changements brusques d'humeur.

Cette instabilité contraste avec la période précédente faite de passivité. Elle est souvent à l'origine de difficultés d'insertion dans le groupe d'enfants et confronte la famille à ce handicap qui avait pu, jusque-là, être nié ou ignoré.

Si l'on met en évidence un déficit sensoriel ou instrumental, une débilité mentale, ce ne sont pas ces handicaps qui sont à l'origine de l'instabilité, mais les difficultés relationnelles qu'ils impliquent.

V. Hyperactivité et troubles de la personnalité

A l'entrée à l'école maternelle certains enfants sont pris d'une agitation qui rend difficile leur adaptation à ce nouveau milieu. Si l'on étudie de près le fonctionnement mental des enfants jeunes très agités, on peut découvrir chez certains d'entre eux d'autres aspects qui justifient que l'on évoque l'éventualité d'une psychose précoce.

En effet, l'instabilité motrice est fréquente et souvent au premier plan au cours des dysharmonies psychotiques. L'enfant peut être en perpétuel état de mouvement et d'agitation, heurtant objets et personnes, faisant des chutes fréquentes, échappant volontiers à la surveillance ou encore se mettant en situation de danger. Cette instabilité, souvent liée à une non-intégration des limites corporelles et à une non-maîtrise du schéma corporel peut, parfois s'accompagner d'une désorganisation complète du comportement avec des passages à l'acte impulsifs, parfois violents, imprévisibles et difficiles à contenir.

Chez l'adolescent psychopathe, l'instabilité est très fréquente et est liée tant au passage à l'acte qu'à l'intolérance aux frustrations et à la recherche par le patient de satisfactions immédiates.

VI. Hyperactivité et hypomanie

On peut au cours d'états dépressifs d'enfants prépubères observer des manifestations d'extrême agitation, d'allure apparemment euphorique.

L'instabilité peut apparaître comme une défense contre la position dépressive. De tels états posent la question de l'existence de la psychose maniaco-dépressive chez l'enfant.

En fait, *stricto sensu*, l'hypomanie se traduit par une instabilité extrême mais doit être distinguée de l'hyperactivité : il s'agit de deux entités cliniques différentes, bien qu'ayant en commun une hyperactivité, mais, les troubles thymiques : excitation, euphorie, jovialité, optimisme et certaines particularités de l'activité intellectuelle : logorrhée, fuite et télescopage des idées, jeux de mots, caractéristiques des états hypomaniaques, sont absents chez les enfants hyperactifs, rarement euphoriques.

VII. Hyperactivité et troubles neurologiques

L'hyperactivité peut s'observer à la suite de lésions cérébrales séquelles d'une tumeur, d'une méningite. De nombreux cas ont été relatés à la suite de l'encéphalite de Van Economo.

Les **barbituriques**, même à doses faibles, peuvent être responsables d'une agitation chez les enfants épileptiques, d'ailleurs souvent instables, du fait même de leur comitialité. Il faut savoir que ces barbituriques peuvent être prescrits à tort dans l'espoir de calmer une agitation qu'au contraire ils aggravent.

CHAPITRE VII

TRAITEMENTS

Le traitement nécessite une étroite collaboration du médecin, des parents, des éducateurs et comporte plusieurs éléments : chimiothérapiques, familiaux, pédagogiques et psychothérapiques.

I. Les médicaments stimulants

1) Les amphétamines

L'utilisation de longue date de psychostimulants, telle l'amphétamine, pour traiter les hyperkinésies de l'enfant, repose sur l'hypothèse de l'existence et d'un dysfonctionnement cérébral et sur leur efficacité.

Les premières observations de ces effets sont celles de C. Bradley, en 1937, sur l'action bénéfique de l'amphétamine sur les troubles du comportement de l'enfant.

Par la suite, de nombreuses substances psychostimulantes ont été utilisées aux États-Unis. Les plus utilisées sont :
- le sulfate d'amphétamine,
- le sulfate de dextroamphétamine,
- le méthylphénidate hydrochloride.

L'administration de stimulants est très en faveur aux États-Unis. Certains auteurs considèrent même que leurs effets positifs sur l'hyperactivité sont un élément du diagnostic.

Il s'agit, pour ceux-ci, d'un traitement à court terme (de deux jours) basé sur les stimulants. Ce traitement n'implique, en aucune façon, un traitement à long terme à base de stimulants ; il aide simplement à classer l'enfant dans l'une des deux catégories : individu à réception positive face aux stimulants, ce qui est le cas des enfants hyperactifs typiques, et individu à réaction négative face aux stimulants, ce qui est le cas des enfants qui souffrent de troubles qui simulent l'hyperactivité.

Quant à nous, nous pensons que prescrire de tels médicaments pour affiner un diagnostic d'hyperactivité, si l'effet escompté est positif, serait aberrant.

Aux États-Unis plus de 90 % des hyperactifs prennent du méthylphénidate (**Ritaline**), de préférence à la dextroamphétamine, du fait de sa meilleure tolérance. D'après de nombreux auteurs américains, près de 75 % des enfants ainsi traités réagissent de façon positive à l'administration de Ritaline.

L'efficacité est rapide : en moins d'une demi-heure à une heure l'enfant devient moins agité, moins impulsif, moins agressif, et plus attentif, plus coopérant. Ces effets positifs persistent pendant 4 heures environ. Dans certains cas on peut observer un effet de rebond et les difficultés de base réapparaissent.

L'effet maximum du médicament stimulant se situe deux heures après la première prise puis l'efficacité diminue pendant les 4 heures suivantes et le médicament doit être administré à ce moment, c'est-à-dire 6 heures après la première prise.

Certains enfants voient leurs symptômes réapparaître 6 à 10 heures après la première prise car l'effet du stimulant s'épuise. Les professeurs constatent les bons effets du traitement médicamenteux, en vantent les mérites alors que les parents, lorsque l'enfant revenu à la maison n'est plus sous l'emprise du médicament, sont beaucoup plus réservés. Professeurs et parents peuvent donc être d'un avis opposé.

Les stimulants contribuent à réduire l'hyperactivité, à améliorer l'attention, à augmenter la vigilance au bénéfice des tâches scolaires. Ils augmentent l'auto-contrôle et la maîtrise de soi. Une stricte surveillance et une estimation régulière permettront de définir la dose optimale. Les enfants peuvent d'eux mêmes en moduler les doses en fonction des effets ressentis. Les risques d'une telle automédication sont considérables et justifient de grandes réserves à ce propos. Une fourchette thérapeutique peut être prescrite pendant les périodes de congé.

Les médications stimulantes diminueraient les comportements négatifs, réduisant la fréquence des réprimandes et des punitions, rendant l'enfant plus sociable et mieux accepté.

Les effets de ces stimulants varient en fonction de l'âge. Les enfants hyperactifs, d'âge pré-scolaire, réagissent moins aux stimulants que les enfants plus âgés. Des **effets négatifs** ont été signalés : morosité, geignements, troubles du sommeil et anorexie. Aussi la plupart des médecins ne les prescrivent-ils pas à de jeunes enfants.

L'efficacité serait moindre chez les adolescents et, bien que la preuve n'en ait pas été faite, on a pu craindre que l'administration de ce type de drogue puisse entraîner une **toxicomanie** ultérieure. Il n'apparaît pas que les enfants hyperactifs traités par des médicaments stimulants auraient eu une appétence ultérieure plus marquée pour les drogues illicites, l'alcool et les conduites anti-sociales. Une telle assertion nous paraît discutable et le nombre des jeunes Américains absorbant régulièrement de la Ritaline est préoccupant.

En ce qui concerne les adultes, chez lesquels persistent des difficultés de concentration, une impulsivité et une irritabilité, la poursuite du traitement est préconisée par certains, mais non sans réserves.

Une stricte surveillance s'avère indispensable du fait des **effets secondaires** que les stimulants peuvent entraîner : au premier plan l'insomnie et la perte d'appétit.

D'autres effets secondaires ont été signalés : céphalées, douleurs abdominales ; ils sont rares, transitoires et cèdent facilement à la diminution des doses prescrites.

On peut observer l'apparition de tics et de mouvements compulsifs qui ne perdurent pas. Dans certains cas, on a pu observer l'exacerbation ou l'apparition d'une maladie de Gilles de La Tourette comprenant des tics touchant plusieurs groupes musculaires, des tics verbaux divers, tels que grognements, glapissements, coprolalie (impulsion à émettre des mots orduriers). Cette éventualité n'intervient que chez des enfants constitutionnellement prédisposés, qu'il conviendrait de dépister avant de prescrire des stimulants. De façon tout à fait exceptionnelle l'on a pu observer l'apparition d'hallucinations et de comportements discordants. Il s'agit alors, dans la plupart des cas, d'un mode d'entrée dans la psychose et d'une erreur de diagnostic de départ.

Le ralentissement de la croissance en taille et en poids a été signalé. Il est transitoire. L'arrêt du traitement pendant les vacances aidera à minimiser l'effet retentissant sur la croissance. Les études à long terme, portant sur 8 ou 10 années, auraient montré qu'il n'y avait pas eu d'effets sur la croissance staturale et pondérale.

L'influence à long terme de ces médicaments est difficile à démontrer. Il semble cependant que les enfants ainsi traités gardent un meilleur souvenir de leur enfance, que ceux qui n'ont pas reçu de médicaments, ils se seraient montrés plus coopérants et auraient été moins prédisposés aux conduites agressives et à la petite délinquance.

Ce type de médicaments doit être manié avec une extrême prudence et beaucoup de médecins, particulièrement en France, se montrent à juste titre très réticents en la matière. La grande majorité d'entre eux ne les utilisent pas. A l'heure actuelle la Ritaline a été retirée du marché et on ne peut se la procurer que lorsque le médecin prescripteur en fait la demande par l'intermédiaire d'une pharmacie d'hôpital. Il serait question que la Ritaline échappe à cette restriction, ce qui en rendrait la prescription plus aisée.

Lorsque l'on sait que près de deux millions de jeunes Américains en absorbent régulièrement, pour une hyperkinésie débordant sans doute le cadre du syndrome décrit par le DSM III-R, on peut légitimement s'inquiéter de ce qui contribuerait alors à la diffusion de cette drogue.

2) Autres médicaments

D'autres médicaments ont été préconisés, tels que les tricycliques qui améliorent l'hyperkinésie, principalement lorsque celle-ci est en rapport avec un état dépressif.

Ainsi **l'imipramine** (Tofranil) serait efficace sur 3 enfants hyperactifs sur 4, dépressifs de surcroît, son action anti-dépressive ayant, en l'occurrence, une action positive. L'utilisation des anti-dépresseurs présente plusieurs avantages sur les psychostimulants : durée d'action plus prolongée, pas de troubles du sommeil, cependant l'efficacité s'estomperait après 8 à 10 semaines de traitement.

La **chlorpromazine** (Largactil) ne peut être considérée comme traitement majeur de l'hyperactivité mais peut donner de bons résultats chez des enfants particulièrement violents.

Clonidine (Catapressan) et **Carbamazépine** (Tégrétol) ont été utilisées sans succès et doivent être proscrites. La **Fluoxétine** (Prozac) donnerait des résultats positifs dans un cas sur deux.

D'aucuns ont fait état des effets positifs de **l'acide folique**. Beaucoup de familles considèrent que l'acide folique est préférable aux stimulants amphétaminiques du fait de son maniement plus aisé.

Un traitement par le carbonate de lithium a été tenté. Il n'entraîne aucune amélioration sur l'hyperactivité.

Bon nombre de traitements, plus ou moins fantaisistes, ont été proposés pour traiter de tels enfants. Il faut s'en méfier.

La tentation a toujours été grande pour certains auteurs d'enfermer l'enfant, trop remuant et peu attentif dans un cadre médical lésionnel et à partir de 1937 de le soumettre systématiquement à une chimiothérapie. Les innombrables essais de chimiothérapie, empruntés à l'arsenal de la psychiatrie adulte, ont donné lieu à de nombreuses controverses.

En cas d'instabilité psychomotrice, 87 % des praticiens français ne prescrivent jamais ou rarement les psychotropes dont 41 % jamais, avec, en cas de prescription, une préférence accordée aux neuroleptiques et aux anxiolytiques, les prescriptions de stimulants ou d'anti-dépresseurs étant plus rares, contrairement à la pratique des anglo-saxons. L'instabilité psychomotrice reste une indication discutée des **neuroleptiques** polyvalents, halopéridol (Haldol) ou sédatifs, thioridazine (Mélléril).

Les effets positifs des médicaments qui réduisent l'hyperactivité aident les parents à moduler leurs réactions, souvent négatives, et à mieux accepter l'enfant.

3) Régimes

Certains auteurs ont soutenu que le comportement hyperactif chez certains enfants peut être induit, soit par des produits chimiques, tels que les additifs dans les aliments, soit par des aliments naturels, tels que le blé, le maïs, les œufs et le chocolat.

Ainsi, des régimes alimentaires, comportant une restriction des colorants et du sucre, ont été préconisés mais il ne semble pas que l'on puisse considérer que les effets escomptés aient été reconnus.

II. Action sur l'environnement

Des facteurs très divers sont retrouvés chez les enfants hyperactifs. Ils doivent tous être pris en considération lorsque l'on établit une stratégie thérapeutique. En ce domaine, aucune hiérarchie, aucune. exclusive surtout si celles-ci sont théoriques ne sont acceptables. Ce n'est qu'après avoir étudié les caractéristiques psychologiques de l'enfant, la qualité de son environnement, que l'on pourra décider de la conduite à tenir : chimiothérapie psychotrope, conseils et programmes éducatifs, aménagement de la vie scolaire, psychothérapie, rééducation d'un trouble spécifique du développement, rééducation psychomotrice ou orthophonique, sont autant de moyens qui s'avèrent, dans certains cas, efficaces.

Le traitement purement médicamenteux donnerait à penser que ce syndrome est uniquement de nature organique, ce qui laisserait de côté et négligerait toutes les mesures **éducatives** et **psychothérapiques**. Or, des études prospectives montrent que la combinaison des traitements médicamenteux et des thérapies comportementales donne des résultats supérieurs à ce que l'on observe lorsque l'un et l'autre sont utilisés isolément.

Si les troubles de l'affectivité, les perturbations de la personnalité, sont importants, déjà installés, source d'une situation très conflictuelle de l'enfant avec son milieu, les traitements médicamenteux seuls s'avèrent insuffisants. L'aménagement de l'éducation et de la scolarité est important ainsi que le temps réservé aux loisirs.

1) Mesures éducatives

Les parents doivent comprendre que l'hyperactivité n'est que l'exagération de ce que l'on peut considérer comme le comportement normal de tout enfant.

Il n'est pas étonnant que les enfants hyperactifs posent de plus en plus de problèmes depuis ces dernières années. Cela provient, sans doute,

– et du laxisme éducatif à la mode : l'enfant n'a plus de limites,
– et paradoxalement des exigences scolaires.

La course au diplôme est impérative, or les efforts de concentration nécessaires pour acquérir les connaissances exigées dépassent les possibilités de nombre de ces enfants.

Il est judicieux de traiter l'enfant avec le maximum de souplesse. Être trop directif et trop critique ne donne pas de bons résultats.

Il faut aider les familles et les milieux éducatifs à comprendre les particularités de l'enfant hyperactif et à aménager les règles éducatives en fonction de ces difficultés.

Il est important de faire admettre aux parents qu'ils ne sont pas à l'origine des troubles constatés afin de les **déculpabiliser**.

Il n'est pas toujours facile de distinguer dans le comportement de l'enfant ce qui revient à la mauvaise volonté, à la désobéissance, à l'indiscipline et ce qui revient à une incompétence de base. Or, la façon d'intervenir doit être radicalement différente dans l'un et l'autre cas : un comportement d'indiscipline peut être puni alors que l'incompétence doit être traitée. La façon dont l'enfant obtempère permet de trancher. Si on lui dit de ne pas se balancer sur sa chaise et qu'il cesse aussitôt cela signifie que cela n'a rien à voir avec une hyperactivité mais à la désobéissance de ce qu'il sait lui être défendu mais à propos duquel il a passé outre.

Les parents capables de faire le point entre l'incompétence de base et la mauvaise volonté, l'indiscipline, la désobéissance auront une meilleure compréhension, une meilleure approche des problèmes de leur enfant et leur façon de réagir s'en ressentira positivement.

Des entretiens réguliers sont nécessaires et utiles dans la mesure où ils les déculpabilisent et leur permettent de supporter l'insupportable.

Pour aider l'enfant avec des chances de succès, il est essentiel de comprendre son comportement, de regarder le monde à travers ses yeux et de bien déceler ce qui, chez lui, est le fait d'une compétence déficitaire ou d'une indocilité. Le but est de l'aider à traduire ses désirs en pensées et en mots plutôt qu'en actes impulsifs et transgressifs, de l'aider à mentaliser et à sublimer sa vie pulsionnelle.

Il n'est pas surprenant qu'un important pourcentage d'enfants hyperactifs soient opposants de surcroît. Il s'agit là d'une réaction, bien compréhensible, aux échecs qu'ils ont endurés.

Des réprimandes peuvent jouer un rôle de renforcement négatif, dans la mesure où elles interviennent à un moment inopportun, ce qui perturbe l'enfant et le maintient dans la situation dont on aurait voulu le faire sortir. Aussi faut-il agir à bon escient et ne pas intensifier, par des remarques inappropriées, l'hyperactivité au lieu de la modérer. Ainsi. l'enfant peut-il pour longtemps ne pas pouvoir se départir d'un comportement où l'ont enfermé des interventions intempestives.

Ce sont les **comportements familiaux**, qui aident l'enfant à se structurer, le préparent mieux à la vie scolaire que l'éparpillement. C'est donc en amont qu'il faut agir, au niveau de l'articulation famille-école. On ne lui a pas appris en famille que la vie sociale exigeait un minimum de sursis à l'impulsion immédiate et personne ne lui a demandé **d'attendre et de réfléchir avant d'agir**.

Or, les plaintes les plus fréquentes des parents d'enfants hyperactifs concernent les **difficultés scolaires**, encore que le comportement de l'enfant à la maison soit particulièrement difficile mais c'est à l'école que le chiendent s'affirme. Les parents se sentent désemparés et frustrés.

D'année en année ils vont se plaindre aux professeurs, aux psychologues, aux éducateurs spécialisés, à leur médecin de famille et *in fine* au pédo-psychiatre. Il n'existe pas, en l'occurrence, de drogue miracle. Il est souhaitable d'établir une étroite collaboration avec tous ces acteurs.

Il est important de demander aux professeurs leur participation afin qu'ils évaluent, à partir de leurs constatations de base, les effets des traitements institués. **Cette collaboration parents-professeurs aide ceux-ci à se montrer plus compréhensifs et plus tolérants**. Nombre de ces enfants ont, du fait de leur instabilité, des difficultés d'apprentissage, aussi ont-ils besoin d'un soutien scolaire et, dans certains cas, doivent être placés dans des **classes spécialisées à petit effectif**, faisant place à des activités sportives et bénéficier, si besoin, de rééducation (orthophonie ou de psychomotricité). Les méthodes dites actives peuvent donner de bons résultats.

Bien qu'il ne s'agisse pas d'une panacée, ces méthodes sont à conseiller. Ces enfants sont capables de se concentrer pendant un certain temps dans les activités qui les intéressent, télévision, jeux vidéo par exemple, mais se montrer totalement inattentifs si ce qui leur est demandé ne leur plaît pas. Tout au long de leur scolarité ces enfants vivent des périodes fastes durant lesquelles ils progressent, d'autres au cours desquelles ils stagnent ou même régressent. Les périodes fastes dépendant de la qualité du maître du moment qui, s'il fait preuve de compréhension et s'il a une attitude positive et encourageante, obtiendra de bons résultats. *A contrario*, les périodes néfastes sont généralement le fait d'une incompréhension du professeur dont les méthodes ont joué à la façon d'un renforcement négatif.

2) Thérapies comportementales et cognitives

Les thérapies comportementales basées sur la théorie du conditionnement opérant de Skinner se proposent d'apprendre à l'hyperactif des comportements adaptés à l'environnement familial, scolaire et social.

Elles s'emploient à définir de façon précise ce qui doit être encouragé, puni ou ignoré ; à trouver la récompense susceptible de motiver l'enfant, à établir un répertoire de renforcements destinés à stimuler ce qui est positif.

Les objectifs comportementaux doivent être choisis de telle façon qu'ils soient à la portée de l'enfant, pour qu'il puisse en être satisfait, se maîtriser et n'être pas débordé par ce qui lui est demandé. Aussi les objectifs proposés ne doivent pas être vagues mais précis, portant, par exemple, sur un horaire donné à respecter, avec récompense à l'appui. Autant que faire se peut, l'accent doit être mis sur les renforcements positifs, proches de ce que l'enfant est capable de faire et la récompense doit être immédiate. Lui dire qu'il aura tel cadeau mirifique s'il se tient tranquille pendant tout un mois est parfaitement illusoire car c'est outrepasser ses capacités de contention. Les techniques comportementales ont plus de chance d'être efficaces si elles se situent au sein des routines journalières, tant à la maison qu'à l'école : **donnant**

donnant, tel peut être l'enjeu. Pour intéressantes qu'elles soient ces techniques n'ont pas apporté tous les succès que l'on escomptait.

Un autre procédé, proche du comportementalisme, consiste à accompagner l'enfant dans ses gestes en les commentant au fur et à mesure ce qui lui permet de mettre en place une sorte d'auto-contrôle que l'on peut comparer grossièrement à une servo-commande.

Les thérapies cognitives apprennent à l'enfant à déterminer la nature de ses comportements impétueux dont il ne réalise pas le caractère dysharmonieux perçu par les autres. Ainsi pourra-t-il comprendre ce qu'il convient d'inhiber avant que de passer à l'acte.

Une **rééducation psychomotrice**, des méthodes de **relaxation** sont de bonnes indications.

Bien entendu, toute méthode de contention quelle qu'en soit la forme est à proscrire résolument.

3) Les psychothérapies

La psychothérapie à elle seule ne peut pas résoudre le problème de l'enfant hyperactif. Cependant son comportement déviant le plonge dans des situations de graves conflits intrapsychiques et, dans ces cas-là, la psychothérapie est non seulement utile mais nécessaire. Il en est de même pour la thérapie familiale.

A l'examen par le psychiatre, de tels enfants apparaissent agités, nerveux, impatients. Ils ont du mal à rester assis, ils arpentent le bureau médical, intrigués par ce qu'ils voient. Ils semblent être tout à fait inconscients de ce que leur attitude et leur comportement peuvent être tenus pour inhabituels et ont tendance à considérer que tout va bien, tant à la maison qu'à l'école. Ils paraissent ne pas saisir ce qui leur est reproché et la psychothérapie tentera de leur faire comprendre et admettre ce que leur hyperactivité et leur impulsivité peuvent avoir de nocif sans pour autant les en culpabiliser, car, au cours de ce type de traitement, angoisse et dépression peuvent se faire jour. Le thérapeute doit leur faire admettre que les règles qu'on tente de leur imposer, tant à l'école qu'à la maison, ne sont pas punitives mais destinées à les aider à contrôler leur impulsivité afin que règne l'harmonie. La famille peut avoir besoin d'une aide psychothérapique et de conseils destinés à l'aider. Les parents doivent être assistés pour gérer leur culpabilité d'avoir un enfant aussi difficile qui, par ses incartades, ses provocations ne cesse de leur attirer des reproches. Le climat familial s'en ressent.

En guise de conclusion

Conseils aux parents

L'enfant hyperactif est extrêmement perturbateur et de ce fait difficile à supporter, particulièrement dans sa famille où il ne cesse de mettre le désordre et de semer la zizanie. De très nombreux facteurs interviennent qui la rendent plus ou moins tolérante ; ainsi que le dit Freud, l'enfant doit apprendre à maîtriser ses pulsions… il n'est pas possible de lui octroyer l'entière liberté, de suivre toutes ses fougues sans limite. En conséquence l'éducation doit inhiber, interdire, réprimer… L'éducation doit donc se frayer un chemin entre laxisme et interdits.

Ceci concerne tout particulièrement les enfants hyperactifs, livrés plus que d'autres à leur impétuosité : ils bénéficieront d'une ambiance familiale à la fois ferme et indulgente.

En effet, leurs troubles sont exacerbés quand leurs parents sont par trop mollasses, manquent d'autorité ou *a contrario* sont excessivement rigides, méticuleux, voire obsessionnels. Il est fort important que les parents prennent contact avec le ou les professeurs de leur enfant. Ceux-ci, souvent excédés par son comportement, seront gratifiés d'une telle demande et leur façon de réagir s'en ressentira. Ils sont particulièrement à même d'en dire l'évolution et éventuellement les effets des mesures thérapeutiques instituées.

I. Ne pas désespérer

Les parents ne doivent pas désespérer, leur façon d'appréhender ces difficultés peut être décisive. Ils doivent s'armer de patience, ne pas hésiter à rencontrer les professeurs en leur expliquant ce qu'ils ont pu constater, les aider à comprendre le passé de l'enfant, ce qui permettra à ces derniers de se sentir concernés et de jouer en quelque sorte un rôle de co-thérapeute. Leurs opinions peuvent diverger puisqu'ils n'abordent pas le problème sous le même angle mais elles sont complémentaires. De plus les enseignants ont une vue plus objective, et une plus grande expérience en matière de pédagogie.

Il est essentiel de faire comprendre aux divers membres de la famille que l'hyperactif n'est qu'à peine responsable des troubles qu'il fomente, ce qui peut les aider à le considérer comme quelqu'un qu'il faut aider, soutenir, et ne pas gourmander à chaque occasion. Un tel changement de vue leur permettra de réaliser qu'ils n'ont pas affaire à un affreux garnement mais à un enfant en difficulté à stabiliser.

C'est sans doute à la maison que les rapports sont les plus difficiles, les enfants reviennent fatigués de l'école et ont envie de se détendre. Or, ils ramènent le travail qu'ils n'ont pas fait durant la journée, ce qui est source de conflit. Les y contraindre ne peut qu'exacerber les troubles. Il faut savoir négocier, offrir une aide ; mais si elle est refusée, forcer ne sert à rien, bien au contraire. Le travail à la maison ne devrait pas se faire tard dans la journée car l'enfant est fatigué. Il est judicieux de préciser les moments de travail : ceux-ci doivent être brefs, entrecoupés de périodes de détente et de défoulement. Il ne faut pas imposer un rythme ; l'enfant hyperactif manque de persévérance, il est rapidement exaspéré par les tâches répétitives.

D'une façon générale l'on peut dire que les parents sont les moins bons instituteurs de leurs propres enfants tant ils se sentent concernés. S'ils ne se sentent pas capables de garder leur calme et d'agir comme s'il s'agissait d'un autre enfant, mieux vaut alors qu'ils passent la main.

II. Une bonne dépense physique

Certains moyens peuvent être utilisés à bon escient. Ainsi est-il important de s'aider d'exutoires, destinés à modérer l'agitation motrice de l'hyperactivité. Il est bon de le laisser se dépenser à l'extérieur avant que de s'installer à la maison pour faire ses devoirs.

Il convient de commencer par les tâches les plus faciles de façon à ce que le succès ainsi obtenu joue le rôle de renforcement, puis d'accroître progressivement les difficultés. Telle tâche qui paraît évidente à l'adulte ne l'est pas à l'enfant qui doit être complimenté pour ses réussites plutôt que grondé pour ses échecs.

On aura recours à des dérivatifs destinés à canaliser l'agitation de l'enfant, à lui permettre de se dépenser avant que de rentrer à la maison.

Les activités de routine doivent être stables et ordonnées. On évitera autant que faire se peut : les situations anarchiques et hyperstimulantes, les tâches demandant à l'enfant de rester tranquille pendant de longs moments car il en est incapable. Il faut déceler quels sont ses intérêts, l'y encourager et le féliciter de ses réussites, ce qui permet de renforcer l'estime qu'il a de lui-même alors qu'il n'a que trop tendance à se culpabiliser, ne serait-ce que du fait des reproches qui lui sont sans cesse adressés et d'ainsi sublimer son énergie. Ce peuvent être : des activités sportives, tels le judo ou le karaté, la natation qui ont l'avantage d'entraîner une dépense musculaire et d'harmoniser les activités gestuelles. Pour d'autres il s'agira d'activités artistiques : peinture, modelage ou bricolage. Celles qui demandent une certaine concentration ne doivent pas excéder la durée d'attention dont il est capable et ne seront proposées que durant les périodes où l'on sait qu'il est alors capable de se contrôler.

Il est important que les parents sachent qu'approximativement 10 à 30 % des enfants hyperactifs ont des problèmes d'apprentissage. Certains, mais non pas tous, doivent de ce fait bénéficier d'une éducation spéciale, la plupart peuvent être maintenus dans des classes ordinaires et progresser de façon satisfaisante.

III. Comprendre son enfant

Cette compréhension est l'intervention la plus efficace pour aborder les problèmes de l'enfant hyperactif. Il convient de rechercher ce qui peut satisfaire et l'enfant et les parents dans leurs activités quotidiennes. Il faut autant que faire se peut éviter les épisodes critiques et explosifs.

Pour mener à bien cette tâche difficile, il est important que les parents soient régulièrement conseillés et soutenus, encouragés et compris. Leur capacité à s'auto-contrôler est essentielle et obviera à de malencontreuses réactions qui risquent d'entraîner des difficultés secondaires, tels que dépression ou problèmes plus sérieux de comportement. Obnubilés par les ennuis quotidiens, ils risquent de s'enfermer dans une sorte de cercle vicieux et de laisser échapper toute occasion de détente et de divertissement.

Une psychothérapie peut être nécessaire et à tout le moins des entretiens avec un spécialiste, ce qui leur permettra de recueillir des conseils et de faire part des frustrations et des épreuves qui sont les leurs, ce qui devrait leur permettre d'éviter de traiter l'enfant en bouc émissaire, d'utiliser des punitions inappropriées ou de se montrer exagérément indulgents. L'irresponsabilité, les négligences, l'indifférence des enfants à l'autorité et aux punitions, les blessent et ils se plaignent souvent d'être incompris et abandonnés. Ils ont tendance à s'accuser mutuellement d'être trop stricts ou trop permissifs, ce qui avive des conflits conjugaux et les rend de plus en plus intolérants. Ceci nécessite une intervention thérapeutique qui peut être une condition préalable au traitement de l'enfant.

IV. La psychothérapie

La psychothérapie des enfants hyperactifs est à la fois éducative et interprétative. De tels enfants peuvent comprendre qu'ils souffrent d'un trouble qui augmente leur impulsivité et leur défaut d'attention. Ils doivent en reconnaître les manifestations, les contrôler et prévenir les situations stressantes.

Parents et enfants sont souvent capables de sélectionner les médicaments susceptibles de les aider à prévenir les événements excitants ou qui nécessitent plus de vigilance. Ceux-ci, bien souvent, se sous-estiment et se culpabilisent du fait de leurs échecs tant sociaux que scolaires : un soutien psychothérapique les aidera à réaliser qu'ils ne sont pas véritablement responsables de leur impulsivité. Ils peuvent et doivent cependant s'efforcer de contrôler et de maîtriser leurs pulsions et le thérapeute devra louvoyer, déculpabiliser et, néanmoins, maintenir une certaine auto-discipline.

Cependant ils peuvent au cours du traitement se montrer agressifs et violents, leur propension aux passages à l'acte contrecarrant leurs faibles capacités de réflexion. Ne pouvant assumer l'autorégulation à laquelle leur thérapeute les incite, un état dépressif, contre lequel ils se défendent jusqu'alors par bravade, peut se faire jour. Ils ressentent les avis de leurs professeurs et de leurs parents comme excessifs et il faut leur montrer que de tels avis sont destinés à les aider plutôt qu'à les contraindre. Une telle intervention peut les aider à contrer leurs tendances à s'opposer.

Une psychothérapie, une éducation spécialisée dans des classes à petits effectifs, peuvent les aider à poursuivre leurs études de façon satisfaisante, à modérer leur impulsivité et à établir des relations interpersonnelles, plus durables et plus solides.

Les techniques se proposant de modifier le comportement, mettent l'accent sur des buts parfaitement définis et limités concernant ce qu'il convient d'encourager, de punir ou d'ignorer. Parents, professeurs et thérapeutes doivent reconnaître les récompenses qui peuvent motiver l'enfant et établir ainsi un barème de renforcements comprenant des tâches sélectionnées.

Les comportements à encourager doivent être clairement définis et stimulés. Il est important de faire porter les efforts en priorité sur les comportements les plus gênants et les plus fréquents. Ces techniques appliquées avec persévérance sont de grande utilité. Cependant leur efficacité peut être limitée dans la mesure où il est bien difficile de passer de l'un à l'autre des conduites à soutenir grâce aux techniques de « renforcement ».

Les thérapies cognitives visent à permettre au sujet de reconnaître et de mieux identifier ses états explosifs, tels qu'agitations, paroles inconsidérées et provocantes, taquineries, déambulations, toutes conduites que souvent ces enfants ne réalisent pas alors même que l'entourage les observe. Ils devront être encouragés à les étiqueter et à en déceler les prodromes afin de les inhiber avant qu'elles ne s'expriment. Les enfants, auxquels on apprend à ne pas parler en classe avant qu'on ne les interroge, seront incités à se répéter à eux-mêmes lorsqu'ils seront sur le point de parler avant d'en demander la permission « je dois attendre jusqu'au moment où je serai interrogé ». On doit leur suggérer des conduites substitutives moins perturbatrices : « au lieu de tapoter avec mon crayon, je vais me mettre à écrire ».

Les objectifs comportementaux doivent être judicieusement choisis et ne demander d'effort qu'à court terme. Dire à tel enfant d'être gentil, calme et obéissant, lui promettre une récompense mirifique s'il se tient calme pendant plusieurs mois, est utopique. Il faut lui proposer un but précis et immédiat, par exemple d'être à l'heure pour partir à l'école, ce qui est à sa portée et lui fera plaisir lorsqu'il aura réussi à se maîtriser, alors que si ce qui lui est proposé est trop vague et trop lointain, il échouera, cet échec l'enfermant dans des conduites répétitives. L'on pourra graduellement lui demander des efforts plus prolongés de maîtrise de soi.

On ne saurait trop insister sur l'importance de l'éducation en la matière : les parents peuvent adhérer à un groupe de parents vivant les mêmes difficultés, ce qui entraîne une aide mutuelle dont les effets sont positifs. Ce mode d'action courant aux États-Unis n'existe guère dans notre pays. On peut le déplorer.

TESTS DE DÉPISTAGE DE L'HYPERACTIVITÉ

Éléments de diagnostic

Pour que le diagnostic de **déficit de l'attention** puisse être retenu, les symptômes d'inattention doivent persister au moins six mois au cours desquels on retrouve **six ou plus** des signes suivants :

Déficit de l'attention	
	manque souvent de précision ou fait preuve de négligence pour son travail d'école ou toutes autres activités
	a souvent du mal à soutenir son attention tant dans son travail que dans ses jeux
	semble souvent ne pas écouter lorsqu'on l'interpelle
	a du mal à se conformer aux directives (non pas du fait d'un comportement d'opposition ou d'un manque de compréhension) par exemple finir un devoir, une corvée, ou une tâche de routine
	a du mal à organiser ses devoirs et ses activités, n'aime pas s'engager dans des activités demandant un effort soutenu (travail scolaire ou domestique)
	perd souvent des objets nécessaires à son travail ou à ses activités (jouets, fournitures scolaires, crayons, livres)
	est facilement distrait par des stimuli externes
	oublie souvent les activités routinières

En ce qui concerne **l'hyperactivité et l'impulsivité, six ou plus** des signes suivants doivent persister au moins durant six mois :

Hyperactivité	
	agite souvent ses mains et ses pieds ou se tortille sur sa chaise
	se lève souvent de son siège durant la classe ou dans d'autres situations demandant qu'on reste assis
	court ou grimpe partout à contretemps (chez les adolescents et les adultes ceci peut se limiter à un sentiment subjectif d'agitation)
	a du mal à entreprendre tranquillement des activités de loisir
	est souvent sur la brèche ou agit comme impulsé par un moteur
	parle souvent de façon excessive
Impulsivité	
	se précipite souvent pour répondre aux questions sans attendre qu'on ait terminé de les poser
	a du mal à attendre son tour
	interrompt souvent autrui ou impose sa présence (fait irruption dans les conversations et les jeux des autres)

Questionnaire de Conners

(d'après Kinsbourne et Caplan, 1979)

Déficit d'attention – Syndrome hyperkinétique	
	hyperactif, excitable, impulsif
	trouble les autres enfants
	incapable de finir ce qu'il a commencé
	courte capacité d'attention
	se trémousse constamment
	inattentif et facilement distrait
	ses demandes doivent être satisfaites immédiatement
	est facilement frustré
	crie et pleure souvent et facilement
	changements d'humeur rapides et profonds
	explosions et comportements imprévisibles

Chaque item est côté de 0 à 3 : pas du tout, un peu, beaucoup, énormément.

Un score supérieur à 15, donné tant par les parents que par les enseignants, serait prédictif d'une réponse thérapeutique aux médications stimulantes.

GLOSSAIRE

Actomètre : appareil permettant un enregistrement continu des mouvements corporels.

Amphétamines : stimulants chimiques de la vigilance. Médicaments employés comme excitants du système nerveux central.

Apgar (score d') : l'état de santé de l'enfant à la naissance s'exprime par le score d'Apgar. Le nouveau-né normal a un score de 10.

Aprosexie : perte ou baisse importante de l'attention.

Athétose : handicap moteur caractérisé par l'existence de mouvements involontaires et de spasmes musculaires.

Automatisme : fonctionnement de la vie psychique en dehors du contrôle de la volonté.

Choréiforme (syndrome) : syndrome caractérisé par des mouvements anormaux, désordonnés, arythmiques, intéressant tout le corps.

Chromosome X Fragile : anomalie de l'extrémité distale du bras long du chromosome X observée chez certains arriérés mentaux.

Cognitives (thérapies) : thérapies se proposant de renforcer systématiquement les pensées rationnelles et de reformuler celles qui ne le sont pas.

Comitialité : synonyme d'épilepsie.

Comportementalistes (thérapies) : thérapies ayant pour objet de modifier les comportements inadaptés : les habitudes inadaptées sont affaiblies ou éliminées tandis que les habitudes adaptées sont mises en place et renforcées.

Coprolalie : émissions explosives d'expressions ordurières, d'insultes ou de blasphèmes, souvent associées à des tics dans la maladie de Gilles de La Tourette.

Cortex : substance externe du cerveau qui enveloppe la substance dite médullaire.

Diencéphale : partie centrale de l'encéphale en dessous des hémisphères.

Dizygotes : les jumeaux dizygotes à la différence des jumeaux monozygotes ne se développent pas à partir du même œuf mais à partir de deux œufs différents. Leurs équipements génétiques sont donc aussi différents que le sont ceux de frères et sœurs non jumeaux.

Dyade : groupe mère-bébé dont les premiers linéaments se retrouvent dans ce que l'on a appelé « le couple d'allaitement ».

Dyskinésies : mouvements involontaires, brusques et rapides liés à la constriction simultanée de plusieurs muscles.

Électroencéphalographie : activité électrique du cerveau, enregistrée par les différences de potentiels qui naissent entre deux zones cérébrales.

Électrogénèse cérébrale : production des ondes électriques par l'encéphale.

Fantasmatisation : production imaginaire sous-tendue par les désirs instinctuels interdits.

Gilles de La Tourette : maladie des tics convulsifs, associés à une coprolalie.

Gnosie : faculté de reconnaître les objets, les phénomènes.

Graphisme : caractère propre, qualité de l'écriture.

Impulsivité : besoin impérieux surgissant brusquement et poussant à des actes irraisonnés et souvent brutaux et dangereux.

Latéralité : dominance fonctionnelle d'un côté du corps sur l'autre.

Neuroleptiques : médicaments ayant un effet sédatif, efficaces à l'égard d'états d'agitation.

Oxyurose : parasitose entraînant un prurit anal.

Paratonie : impossibilité de relâcher volontairement un muscle.

Potentiels évoqués : exploration de la réponse corticale à des stimulations sensitives ou sensorielles.

Praxie : adaptation des mouvements à un but recherché.

Psychasthénie : fond mental des obsédés caractérisé par une baisse de la tension psychologique avec tendance aux scrupules, aux doutes.

Relaxation : état de complète détente psychique et musculaire par extension thérapeutique basée sur la pratique du relâchement, visant à rendre possible un contrôle tonico-moteur et émotionnel.

Réticulée (formation) : groupement de fibres et de neurones étalés sur toute la longueur du tronc cérébral. Maintient l'état, détermine le degré d'attention d'éveil et coordonne l'activité en fonction des messages qui parviennent aux centres supérieurs.

Surmoi : instance psychique décrite par Freud. Son rôle est assimilable à celui d'un juge ou d'un censeur, représente la fonction moralisatrice, la conscience du sujet.

Synapse : espace séparant les neurones dont l'activité électrique se transmet de cellule à cellule.

Syncinésies : réactions toniques ou cinétiques parasitées, induites par le mouvement.

Temporo-spatiale (désorientation) : perte du sens spécial qui permet de repérer la situation présente dans le temps et l'espace.

Tonus musculaire : contraction permanente du muscle.

INDEX

I

L

N

O

P

Q

R

S

T

BIBLIOGRAPHIE

ABRAMSON J., *L'enfant et l'adolescent instables*, PUF, 1940.

FERRARI P., EPELBAUM C., *Psychiatrie de l'enfant et de l'adolescent*, Flammarion, 1993.

GOLDSTEIN S., GOLDSTEIN M., *Hyperactivity*, Wiley and Sons, 1991.

PICHON E., *Le Développement psychique de l'enfant et de l'adolescent (Évaluation normale, pathologie, traitement)*, Masson, 1947.

ROBERT A. KING, NOSHPITZ J. D., *Essentials of Child Psychiatry*, vol. 2, Wiley and Sons, 1991.

RUSSEL A. BARKLEY, *Hyperactivity Children*, Wiley and Sons, 1980.

WALLON H., *L'enfant turbulent*, PUF, 1925.

« L'enfant hyperactif », *Revue de Neuropsychiatrie Infantile*, n° 23 (10-11), p. 689-700, Éd. Expansion Scientifique Française, 1975.

DSM III (-R), (*Manuel Diagnostique et Statistique des Troubles Mentaux*), Masson, 1989.

Classification Française des Troubles Mentaux de l'Enfant et de l'Adolescent, XII, 1990, Centre Technique National d'Études et de Recherches sur les Handicaps et les Inadaptations, Diffusion PUF.

Adresses utiles

Hôpital International Universitaire de Paris
42, Bd Jourdan
75674 PARIS Cedex 14

Hôpital de La Salpêtrière
47, Bd de l'Hôpital
75651 PARIS Cedex 13

Hôpital Avicenne
125, Route de Stalingrad
93009 BOBIGNY Cedex

Centre Hospitalier Lenval
57, Avenue de la Californie
06200 NICE

Centre Hospitalier Sainte Marguerite
270, Bd SainteMarguerite, BP 29
13385 MARSEILLE Cedex

Centre Hospitalier Universitaire La Timone
Bd Jean Moulin
13385 MARSEILLE Cedex 05

Centre Hospitalier Régional Universitaire
Avenue Georges Clémenceau
14033 CAEN Cedex

Centre Hospitalier Universitaire
2, Place Saint-Jacques
25030 BESANÇON Cedex

Centre Hospitalier
29820 BOHARS

Centre Hospitalier La Grave
Place Lange
31052 TOULOUSE Cedex

Centre Psychothérapique Caychac
246, Avenue du Général de Gaulle
33290 BLANQUEFORT

Centre Hospitalier Régional Universitaire
Gui de Chauliac
2, avenue Bertin Sans
34295 MONTPELLIER

Centre Hospitalier
34, rue du Docteur Maunoury
28018 CHARTRES Cedex

Centre Médico-Psychologique
154, rue de Chatillon
35200 RENNES

Centre Hospitalier Régional Bretonneau
2, Bd Tonnellé
37044 TOURS Cedex

Centre Hospitalier Universitaire Hôpital Sud
BP 185
38042 GRENOBLE Cedex

Centre Hospitalier Régional Universitaire
Robert Debré
Rue A. Carrel
51092 REIMS Cedex

CP de Nancy
Rue du Docteur Archambault, BP 1010
54521 LAXOU Cedex

Centre Hospitalier Spécialisé
52, rue de Paris
95570 MOISSELLES

Centre Hospitalier Spécialisé Perray -
Vaucluse
91360 EPINAY-SUR-ORGE

USN
6, rue du Pr Laguesse
59037 LILLE Cedex

CHRU Hôpital Saint-Jacques
30, Place H.Dunant, BP 69
63003 CLERMONT FERRAND Cedex

US de l'Elsau
15, rue Cranach
67200 STRASBOURG

Centre Hospitalier Spécialisé Le Vinatier
95, Bd Pinel
69677 BRON Cedex

Hôpital Neurologique
59, Bd Pinel
69003 LYON

Centre Hospitalier Ph. Pinel
Route de Paris
80044 AMIENS Cedex

CHSV La Milétrie
370, Avenue Jacques Cœur, BP 587
86021 POITIERS Cedex

Centre Hospitalier Esquirol
15, rue du Dr Marcland
87025 LIMOGES Cedex

Table des matières

Achevé d'imprimer
sur les presses
de MAME IMPRIMEURS, à Tours